十四只灰色折纸象

——我和孤独症儿子的成长故事

颜 燕 著　贾 萌　王丹丹 等 评注

图书在版编目（CIP）数据

十四只灰色折纸象：我和孤独症儿子的成长故事 / 颜燕著. -- 北京：华夏出版社有限公司，2024.5
　ISBN 978-7-5222-0630-1

Ⅰ. ①१… Ⅱ. ①颜… Ⅲ. ①孤独症－儿童教育－特殊教育 Ⅳ. ①G766

中国国家版本馆CIP数据核字（2024）第019032号

本书中文简体版由北京行距文化传媒有限公司授权华夏出版社有限公司在中国大陆地区独家出版、发行。

十四只灰色折纸象——我和孤独症儿子的成长故事

作　　者	颜　燕
责任编辑	赵学静　武纯丽
出版发行	华夏出版社有限公司
经　　销	新华书店
印　　装	三河市少明印务有限公司
版　　次	2024年5月北京第1版 2024年5月北京第1次印刷
开　　本	880mm×1230mm　1/32
印　　张	7.125
字　　数	150千字
定　　价	58.00元

华夏出版社有限公司　地址：北京市东直门外香河园北里4号　邮编：100028
　　　　　　　　　　　网址：www.hxph.com.cn　电话：（010）64618981
若发现本版图书有印装质量问题，请与我社营销中心联系调换。

作者简介

颜燕　1995年毕业于北京大学国际经济系。曾就职于贝恩咨询公司（Bain & Company）北京办公室。2020年获医学博士学位。目前主要从事针对因患病而成为弱势人群的社会心理支持方面的研究。1999年至今长期生活在美国和日本。

行为分析师简介

贾萌　认证行为分析师（The Board Certified Behavior Analyst，BCBA）。北京亿未来儿童成长中心总督导，负责教学、教师和家长培训等工作。美国加州州立大学北岭分校应用行为分析硕士，曾工作于美国的公立幼儿园和小学，主要从事处理问题行为和融合教育工作。出版《这就是我》绘本，参与编写《孤独症儿童早期干预操作手册》等书籍。

王丹丹　孤独症诊断标准ADOS（The Autism Diagnostic Observation Schedule）与ADI-R（Autism Diagnostic Interview Revised）国际认证评估师、认证助理行为分析师（The Board Certified Assistant Behavior Analyst，BCaBA）。国家劳动部认证二级心理咨询师。北京心雨滴教育科技有限责任公司创始人兼总督导，主要从事孤独症儿童早期干预以及入校融合干预服务。

北京心雨滴教育科技有限公司融合教育督导何月文老师以及早期密集干预督导路田丽老师亦参与撰写行为分析评注。

前　言

应该是儿子4岁的时候。有天，他起得很早，我让他先一个人玩会儿。等我过去看他的时候，发现桌子上堆了一堆折纸，全都是大象，灰色的，我数了数一共14只。我问他怎么折了这么多？他和往常一样，没有说话。

东东（Joey）2003年出生于美国西雅图。当时身边没有家人和朋友，孩子爸爸又要上班，我自己一个人在家带孩子。没有意识到要主动和一个婴儿说话，也没有孩子到几个月该叫"爸爸""妈妈"的概念。现在想来，儿子的第一年是基本没有语言的。

记得东东第一次大声叫"妈妈"，是他在公园遇到一只比他还大的狗，他吓坏了。那时候他已经1岁1个月了，后来很长一段时间都没再听他叫过"妈妈"。现在回想起来应该只是"MAMA"容易发音而已。两岁体检时我们已经从西雅图搬回纽约。儿科医生说他可能有语言方面的发育障碍（speech delay），建议我们申请语言训练服务。我们觉得孩子还小，也许再长大些就会好了。孩子的父亲是日本人，我们又住在美国，家里说日语、英语和中文，估计孩子语言有点混乱。

一年过去了。东东没有一个语种可以说两个以上单词的句子。身边同龄的小朋友已经能流利地对话，甚至绘声绘色地讲故事了，东东的世界仍是一个人玩拼图、乐高和托马斯火车。如果身体没有什么不舒服的话，除了每天上午、下午一定要出门去外面跑之外，他就安安静静地看儿童节目，玩自己的火车和乐高。

和他的平静相比，我变得越来越焦虑，不知道儿子为什么不会说话。

儿子3岁体检的时候，我们接受了医生的建议，准备申请针对有发育障碍的孩子的干预训练服务。评估（不是医学诊断）是申请服务的前提。当我拿到评估报告的时候，我不记得是怎么看完的。上面那些"children with disabilities"（残疾儿童）、"possibility of autism"（孤独症的可能性）等词太刺眼，已经超出了我能理解和接受的范围。

很多年之后，我听一位被诊断为抑郁症的朋友说，她曾经拿着药片坐在床头哭了一下午，犹豫要不要吃。她说她觉得如果吃了，就意味着自己承认得了抑郁症，如果不吃还有可能不是。我当年和她一样无法接受眼前发生的一切。

不过，虽然我们相信孩子没有问题，或者说选择相信孩子没有问题，但最终还是决定接受特殊教育（special education）的干预训练。

这也是本书的源起。从2006年10月到2008年6月，将近两年时间，在东东接受特殊教育干预训练期间，我和老师进行了日记式的沟通。开始接受训练时，东东3岁5个月，全家住在纽约的郊区。老师记录她在幼儿园指导训练东东的内容，我记录孩子在家的一些情况。老师是日本人，英语并不是她的母语，但她坚持用英语记录，这样如果学区负责特殊教育的老师需要核实训练内容的话，有记录可查。

现在东东已经19岁了，是大学一年级学生。中间我们搬过好几次家，评估报告和交换日记一直随着我们搬来搬去。当年我把评估报告藏在了自己看不见的地方（好像看不见就可以当作不存在），现在肯定还保留着，但我没有刻意去找。两本交换日记一直在手边，但没有勇气重新翻开。是朋友刘铁峰先生主动帮助我整理并将英文交换日记翻译成中文，才有了这本书。（刘先生为本书撰写了后记。）

重新阅读交换日记的时候，我哭了，回想起当时每天照顾两个孩子，洗衣做饭，磕磕绊绊，等孩子们睡觉后翻开交换日记本，还要看老师这些负面的反馈，为儿子的未来担忧。读第二遍时我很生气，三四岁的孩子，一两天表现不好，凭什么就武断地认为孩子有问题？读第三遍时我又忍不住落了泪，觉得当年纠结于孩子坐不住、扰乱幼儿园秩序、每天记有没有便秘这些事情，精神紧张且疲惫不堪太不值得，遗憾孩子的童年就这么过去了。等读到第四遍时，我就只剩感激了，学区主管特殊教育的老师、陪伴指导孩子的特殊教育教师和幼儿园的老师，都像关心自己的孩子一样关心东东，大家都尽心尽力了。作为孩子的妈妈，我从心里感谢所有帮助过我们的人。

孤独症的成因在医学上还没有定论，该如何帮助有特殊教育需要的孩子？虽然有各种各样的事例可供参考，也有一些成体系的干预训练课程，但孩子的情况千差万别，也没有对所有孩子都有帮助的理论和实践方法。我最终没有勇气带东东去见医生接受正式的诊断，也无法想象当时如果去见医生，会不会被诊断为孤独症。他除了不会说话,还有一些比较典型的谱系儿童的特征:对作息规律异常敏感;倾向于重复同一个动作或喜欢单一的活动;难以适应任何变化;避开目光接触,喜欢一个人玩;等等。东东在5岁左右开始说整句话,8岁左右说话不再是单向的,开始能进行简单的对话。15岁左右开始主动和同学交朋友。现在他很健康,能够正常上学,过普通人的生活。

回首往事,在我竭尽全力帮助他学习用语言沟通,融入集体生活的过程中,反而是儿子让我明白了一个简单却重要的道理:每个人都是不一样的,是独立的个体。孩子需要照顾,需要帮助引导,但无法按照他人的意愿被"矫正"。书中东东的情况不代表孤独症儿童都具有这些特征,在东东身上有效的做法也不一定适合其他孩子。

恐慌、焦虑与排斥是因为不了解。希望本书能让更多的人看到有一群这样的孩子,他们可能暂时无法表达自己,需要长期的帮助,但他们是有可能找到一条自己的路,慢慢长大的。他们需要爱、接纳与陪伴,而我们也因为这些孩子"星星"般的单纯而感到人间的美好。

颜燕(东东妈妈)

2022年6月

推荐序 一

故事的缘起我已经记忆模糊了,但这的确是一个缘分。感恩自己的职业,使我有机会结识一些在教养孩子上非常有心而且用心的家长。分享他们的经历,对我个人和专业的成长都非常重要。

东东妈妈就是这样的家长之一。她的经历的分享不是面对面的,而是通过她和孩子特殊教育教师的手记。这本手记用英文记录,被另一个孤独症孩子的家长发现并且翻译出来。他认为这本手记不仅对自己,更对万千有孤独症孩子的家长有帮助,便联系了出版社的朋友,出版社的编辑也很感兴趣,于是辗转到了我的手上。

第一时间我就阅读了这本手记,感觉它原生态地展现了家长对孩子问题的认识历程,与特殊教育教师一来一往的日常交互中,生动地再现了孩子的问题、家长的烦恼、日常的琐碎、突破和变化的惊喜。也可以看到特殊教育教师寓爱于行的敬业和专业,她对孩子接纳、包容又不失原则地进行管理,在切实帮助孩子的过程中也给予了家长无限的支持和鼓励。很多人也许会庆幸这个家长碰到了这样一个老师,但我认为这个孩子很庆幸碰到了这样一个家长。她的有心和用心,才是这一切缘分的聚合剂。

就是单单阅读这本手记,已经获益良多。但是,一个成功的个案,绝不纯然是"爱分子"无序热运动的结果。所以,内行人是可以从这本手记里看出许多专业的和科学的门道的。普通读者如果觉得读它只是分享了一个故事，收获了一份感动，看到了一点希望，而不能从中看出所以然的道理，那么，这个手记的价值就大大地打了折扣。

所以，缘分未尽，又往前进了一步。我推荐了三位助理行为分析师和一位行为分析师，希望由她（他）们对手记做些专业点评，把家长和特殊教育教师做法中闪现专业智慧和科学道理的那些点突出出来，争取让读者不仅知其然，更知其所以然。四位老师认真阅读，不负推荐，终成正果。当然，如果让更多的行为分析师去读，还可以挖掘出更多的珍珠宝贝，读者们也自有自己的慧眼。从这个角度来说，行为分析师们的见解也可以是抛砖引玉。

是为序。

郭延庆
北京大学第六医院儿童精神科医师
中国残疾人康复协会应用行为分析专业委员会主任委员

推荐序 二

由于从事孤独症的基础研究工作，经常会有孤独症孩子的家长找到我。我遇到过很急切要给自己孩子寻找药方的家长，有的家长迫切想知道我们的基础研究什么时候能应用于临床实验。身为人父，我很理解这些家长的心情。无奈孤独症的治疗和康复是世界性难题，我们的基础科学研究目前只能为了解孤独症的起因贡献一些知识，距离有效的治疗和康复还很远。

当颜燕女士通过出版社的同事找到我时，我发现在海外生活工作多年的颜女士在养育孤独症患儿东东的时候，已经经过了孤独症孩子家长最常遇到的焦虑期，当然，颜女士在孩子幼年时也不可避免地经受了痛苦的煎熬。所幸的是，东东经历了非常细致周到的特殊教育教师的陪伴和康复训练，从美国到日本。因此，颜女士和东东一路走来的经历就成了对孤独症孩子家长非常可贵的参考。颜女士将这些年来东东的特殊教育教师的笔记收集整理，并翻译成中文，希望可以给中国的孤独症孩子的家长提供支持与帮助。

本书得益于国内孤独症康复专家、北医六院的郭延庆教授的热心帮忙。郭教授在孤独症康复领域有多年的从业经历，给国内多家孤独症家长组织传授了宝贵经验。通过郭教授组织的行为分析师团队的进一步挖掘整理，现在展现在大家面前的不仅仅是东东和母亲一路走来的历程，也有过程中孤独症行为康复需要注意的方方面面的问题。

中国的孤独症基础科学研究和行为康复研究都刚刚起步，迫切需要借鉴多方的经验，给广大孤独症孩子的家长提供可以借鉴的第一手资料。我相信此书就发挥着这样的重要作用。感谢郭教授和行为分析师团队王丹丹、何月文、路田丽、贾萌的认真注解和诠释！愿天下孤独症孩子都能拥有幸福人生！

仇子龙

上海交通大学医学院松江研究院资深研究员

上海交通大学特聘教授

目 录

第一部分 生活
我与东东的成长故事

1 在西雅图出生 …………………………………………… 3
　　——一个不喜欢被抱着的孩子和一个茫然不知所措的妈妈

2 沉迷于玩乐高、托马斯火车、拼图和看红绿灯 …… 11
　　——生活在自己的世界里

3 两次接受发育障碍的评估 …………………………… 15
　　——明显的语言发育滞后、孤独症的可能性

4 接受早期特殊教育干预训练 ………………………… 19
　　——在幼儿园和家里同时接受特殊教育教师、言语训练师和 OT 训练师的干预训练

5 他站在了我的认知之外 ……………………………… 24
　　——平行世界里的母与子

6 邻居奶奶 Mema 和 Nana …………………………… 28
　　——无条件的爱与接纳

7 便秘与游泳 …………………………………………… 33
　　——不只是语言和社交的问题

8 升不了学前班的普通班 ……………………………… 38
　　——回避不了的上学问题

9 一个班 10 个孩子的私立小学 ································ 42
　　——也许孩子需要的只是更宽松的环境和多几年的特别支持

10 搬家到日本，插班公立小学普通班 ························· 46
　　——孩子终于能在公立小学正常上学了

11 成长——孩子的自立，我的独立 ···························· 50
　　——母亲也是普通人，也需要有自己的时间、自己的生活

12 该对孩子有什么样的期待 ···································· 53
　　——信任是我能给孩子的最好的礼物

13 什么是孤独症谱系障碍？ ···································· 58
　　——必要的医学知识能帮助人消除恐惧

14 社会的包容性与多样性 ······································· 63
　　——我们每个人身上都体现了生物的多样性，也都有可能成为社会的弱者

15 14 只灰色折纸象 ·· 67
　　——记忆里的折纸象，送给更多的孩子和家长

第二部分 干预

早期融合教育干预训练
（节选自与特殊教育教师的交换日记）···················· 69

附　文 ·· 199
后　记 ·· 209
作者后记 ··· 211

第一部分

生活

我与东东的成长故事

1 在西雅图出生
——一个不喜欢被抱着的孩子和一个茫然不知所措的妈妈

2003年5月,我充满喜悦地等待着儿子的出生。医生说预产期是5月19日。我有些焦急地等到18日,孩子还没有出生的迹象,下午我便到公园去爬了一段楼梯,果然第二天一早就有了明显的阵痛。我的一通电话把丈夫从高速公路上叫了回来,他直接送我去了医院。当天下午3点16分,东东出生在西雅图郊外的医院里。近20年后我仍然记得他被护士送到我怀里时的体温和他安静的呼吸,但当时的我无论如何都想象不到,这个按预产期准时出生的孩子,会让我们全家未来很多年都要配合他的时间表。

东东出生那年,由于丈夫工作的原因,我们刚从纽约搬到西雅图,为此我放弃了一份很有前景的投资银行的工作。当时怀东东的喜悦远远超过了失去工作机会的遗憾,我和孩子的爸爸一起盼望着孩子的出生。因为只准备在西雅图生活两年左右,所以我决定不去找工作，在家好好带孩子，也停下来休息一段时间。

孩子刚出生的那段日子，我在手忙脚乱地学着喂奶、换尿布、洗澡、准备婴儿用品中度过。大概在东东四个月的时候，我准备给孩子断奶。每三个小时喂一次奶，又要自己做饭、做家务，晚上也睡不好觉，实在体力不支，我想起码让孩子白天能喝奶粉，但马上就碰到了第一个难题：东东不喝任何奶粉。我试着换过各种品牌的奶粉、各种形状的奶嘴，都没有用。有时候我忍着让他哭，觉得他哭得太累太饿了总会喝奶粉的。但他坚决不喝奶粉，只喝母乳。最长一次他哭了两个小时，最后我也崩溃了，陪着他一起哭。

由此，我遇到了第二个难题，就是没法把东东长时间托给别人照顾。当时家里请了一个小时工阿姨来照看他。等我给东东喂完奶之后，交给阿姨推小车带他去公园转转，但最长不能超过两个小时，因为他不喝奶粉。我想尽各种办法也没能让他喝成奶粉，一直拖到1岁1个月他才断奶。

我慢慢发现他还有其他意想不到的举止，他不喜欢被人抱着。除了喂奶，如果有谁想抱他，他就会挣脱。记得有一次他反身向后，差点从我手臂中摔落。慢慢地他会在地上爬了，然后能扶着家具站起来，继而开始磕磕绊绊地走。但他不会爬到或走到爸爸妈妈身边让你抱他，也不会用手指指着一个东西要你拿给他。

> **行为分析师评注**
>
> 不喜欢被别人抱着，可能是肤觉低敏，也就意味着，孩子对于触碰他的皮肤很敏感。这会影响孩子与他人的身体互动频率，从而减少与他人社

会互动的可能性，更少有机会体会到与他人在一起时的乐趣，因此，与他人进行身体接触的动机就会减少。除此之外，不喜欢被人抱或者不想让别人靠近，有可能是由于他人与孩子靠近时孩子产生的紧张、焦虑情绪，以及以前他人靠近所带来的不开心经历导致的。

【应对策略】脱敏

【原理】使用刺激－刺激配对（反应制约），将有关肤觉（或者与孩子靠近时的"恐惧感"）的厌恶刺激或者他人靠近所带来的紧张感与孩子喜欢的事（无论是喜欢的物品、活动或者人）结合，多次反复，从而减少其厌恶程度，使孩子能够在没有情绪的状态下接受皮肤接触或者接受他人的靠近。

【举例】若孩子喜欢音乐、喜欢随着音乐舞动的话，可以让家人与孩子一起随着音乐舞动，家庭成员可以相互击掌，与孩子击掌，也可以所有的人一起拉着手，逐渐拉近人与人之间的距离，让孩子开心快乐地接受他人的靠近，甚至与他人的身体接触。

对于拥抱，不必过于着急，千万不要强迫孩子完成，以免让孩子产生更加厌恶的情绪。可以尝试洗澡之后，用毛巾裹紧孩子的身体，多让孩子有一些愉快的大面积肤觉的接触，也可以与孩子玩"卷心菜"的活动，从毛巾的一端把孩子用毛巾裹卷到家人所在的毛巾的另一端后，得到家人的赞扬（可以是亲吻或者击掌等社会性强化），使孩子逐步接

> 受身体的大面积皮肤被触碰、挤压的感觉。当孩子可以接受大面积皮肤被触碰的感受之后，再尝试通过愉快的活动与孩子进行拥抱，比如，孩子想要去拿柜子上面的东西，家长抱起孩子拿到该物品，又或者，孩子从滑梯上滑下来，家长把孩子抱起，再把孩子抱到滑梯上让孩子再次滑下。

孩子出生时，我们身边没有老人或者关系亲近的朋友可以交流如何带孩子。孩子的爸爸白天上班，我在家带孩子，生活简单但很有规律。东东会走之后，每天吃完早饭，我会安排他看半小时电视或者录像，等我收拾完厨房就带他去公园。回来吃完午饭，在他睡午觉时，我把晚饭做好，等他午睡起来后再带他去公园或推着小车带他去超市买第二天的菜。晚饭之后看一会儿电视，然后洗澡，睡觉前给他念一会儿绘本。

真正意识到东东可能跟别的孩子不太一样，是在他1岁左右。周围同龄的孩子已经开始叫爸爸妈妈了，有些发育快的孩子已经能说简单的单字了。但东东的世界，除了哭闹，基本是无声的。记得他第一次大声地发出"BA，BA，BA"，是某天我们在家看美国总统的竞选演说，我和孩子爸爸都觉得全是空话，正好他爬到电视机前扶着站起来开始喊。因为听上去像英语的"Bla，Bla"（废话连篇），我记得家里人一起大笑起来。东东那时七八个月大，我们以为他开始说话了，但后来很长一段时间他都没再发声。直到他一岁多，有一次在公园遇到一只比他还高大的狗，吓得他叫出了"MA，MA，

MA"，之后发声又停止了。我们也不记得他什么时候对着我们叫过爸爸妈妈。那两次发声应该只是发出容易发的音而已，算不上语言。

当时的我对孩子的语言能力期待很高，同时给他看英文、中文和日文的书和电视录像节目。我叫他吃饭、洗澡，他会过来，但没有语言应答。看儿童节目时也不会模仿电视里的人物说话，没有手舞足蹈的动作。他喜欢一套当年很流行的 Baby Einstein（《小小爱因斯坦》）的录像带，随着配乐重复性地播放球的滚动、电子玩具的各种动作。他可以反复地看很多遍，每天看同样的录像带，每次都紧盯着屏幕，不厌其烦。

> **行为分析师评注**
>
> 在此处及后文中提到东东当时没有太多喜欢的玩具，体现了他"兴趣狭窄"。
>
> 我们会看到很多谱系的孩子只会按照某一种方式玩玩具，而且反复进行。例如，用手拨动能够旋转的玩具，看其旋转，满足视觉刺激的需要。即便看似接触不同的玩具或者物品，但操作方式相似。比如在上面的例子里，孩子除了手拨动套圈以外，还喜欢转车轮子、转碗、转杯盖等，都是旋转类型的操作方式。又如，孩子看似喜欢翻书，但实际上是看翻动书页时书页边的移动。喜欢各种闪烁的玩具，喜欢看缝隙里的东西，甚至还喜欢在眼前晃动手。同时，孩子可以自己一直玩，不关心是否旁边有其他人，不会主动靠近他人。
>
> 如果孩子有以上情况，孩子还不能按照玩具本

来的方式玩，只喜欢单一类型或者用相似方式玩不同的玩具，那么孩子存在"兴趣狭窄"的可能。针对这种情况，我们需要通过一些策略来扩展孩子的兴趣，也就是扩展孩子玩玩具的种类、用多种适当的方式操作每一种玩具，以及增强孩子与他人的互动。

【案例】接近2岁的男孩，无意义语言，无仿说，具备物品操作模仿的技能，喜欢用手玩所有能够转的东西，无论是玩具，还是生活中的物品，喜欢把东西扔到地上，且多次反复。

【应对方式】①通过刺激－刺激配对（反应制约）的方式扩展玩具类型；②通过物品操作模仿的方式学习操作多种类型的玩具；③先增加目光对视，然后增加用眼神提要求的频率；④通过身体互动满足感官需要的方式增加孩子对人的需求。

【举例】（应用以上应对方式中的两种）

1. 通过刺激－刺激配对（反应制约）的方式扩展玩具类型：将中性刺激物（准备让孩子玩的玩具）与孩子喜欢的玩具搭配出现。例如，孩子喜欢捏小鸭子，要想引入积木（叠积木）这个玩具，可以先将积木摆成阶梯状，让小鸭子爬积木楼梯，再坐着滑梯（将尺子的一边搭在积木上，使之成为一个斜面）滑下来。小鸭子反复上楼梯、滑滑梯后，积木就可能成为孩子的强化物。当积木的强化物价值增强，那么，就可以教孩子搭积木了。当然，任何强化物都要考虑当下的强化价值。如果孩子不想靠近、不看该物品、呈现在孩子面前孩子也不想用手够的话，对孩子来说，该物品在当时就没有足够的强化价值，那么在当下就不会是强化物。

2. 先增加目光对视，然后增加用眼神提要求的频率。首先强化孩子每一次与你的目光对视，只要孩子看你，哪怕很短暂，也要使用强化物，并对孩子表达"我喜欢你看着我"等类似的话。当发现孩子关注你的时间可以持续3秒以上，那么，是时候练习粗大动作模仿的技能了。对于可以互动的玩具，比如，来回推球或车，若孩子对其感兴趣，当把车或者球推向孩子时，可以教孩子继续将玩具推给你。当孩子能够把玩具又推给你后，停下来，等待孩子看向你，然后奖励孩子用眼神与你对视（用眼神提要求）的行为，即把玩具推给孩子。

东东能走以后，除了在家看录像，每天都想去公园跑（他走路不是一步一步的，是一路小跑）。有时他等不及我叫他，就会把我的鞋子和他自己的鞋子摆到门口，表示他想出门，但他没有语言。在他1岁左右的一天下午，我发现他一个人站在窗帘的前面，看风吹过纱窗时，窗帘的影子在地上晃动。我没有打扰他，看着他注视着窗帘，又看看地板，又抬头看窗帘……他没有说话，也没用手指着窗帘叫我看。

当时，我们身边一两岁的孩子有些已经能和大人对话了。在公园里碰到的话，孩子们会自然地一起玩，但这些在东东身上都没有发生。他不拒绝和其他孩子在一起，但他也不和别的孩子一起玩儿。在公园里，他最喜欢的就是一个人跑。不是有目的地追着什么跑，而是顺着散步的林荫道一路小跑。他有时候会停下来看看虫子，看看水边的鸭子，但从没有指给我看过什么，也没和我交流过什么。

我们母子俩好像生活在一个平行世界中。

2 沉迷于玩乐高、托马斯火车、拼图和看红绿灯

——生活在自己的世界里

2004年年底,由于丈夫工作的原因,我们从西雅图搬回了纽约曼哈顿。当时东东已经一岁半了,我设想着把东东送到托儿所或者请人带,我出去工作或者读书。因为不知道在纽约会住几年,我打算等安顿下来之后,先给东东找托儿所,再决定自己的事情。

然而,一个意外再次打乱了全家的生活——我发现自己怀孕了,而且血液检查说孩子有唐氏综合征(Down Syndrome)的可能性。完全没有医学知识的我当时并不理解这个"可能性"是什么意思,凭着做母亲的本能,我无论如何都无法放弃这个孩子。丈夫也说不用做羊水穿刺检查了,如果是唐氏儿,那我们就养着他(她)。当时情绪混乱的我,没有去网上查资料,也没有告诉父母,就准备接受命运的安排了。

这只是漫长日子的开始。由于血液检查结果不正常，我被叫去做各种各样的检查。英文的医学名词我听不太懂，又经常在医院的板凳上等着不知道什么时候才轮到自己，日常的生活被这没完没了的检查打乱了。直接受到影响的是东东。他是个非常安静的孩子，除了经常想出去跑跑之外，喜欢在家安安静静地拼图、玩火车。他已经有自己的想法了，但因为不会说话，不能沟通，便经常通过身体语言来表达。有一天，他突然开始捶墙，怎么也拦不住。我们住公寓，我想邻居一定很有意见。我完全失去了耐心，气急败坏地伸手打了他。面对一个不会说话的儿子和一个即将出生但可能身有残疾的孩子，我被焦虑、不安和无能为力感笼罩。那是我第一次打孩子，我心中充满了对孩子的愧疚和对自己的失望。

东东在一天天长大。我除了去医院检查，平常就在家带孩子做家务。慢慢的，我发现东东特别喜欢玩乐高和托马斯火车。当时乐高有一种给幼儿玩的以托马斯火车为原型的模型，可以拼火车头，还可以拼铁轨。托马斯火车系列有各种火车头、复杂的轨道、桥梁、岔道等，可以有各种玩法。东东每天除了出去跑、在家看《芝麻街》等录像节目外，基本上都在玩乐高和火车，乐此不疲。有时候家里有其他小朋友来玩，他也很乐意跟别人在一起，但基本上各玩各的，他不会和其他小朋友商量建个什么样的轨道、谁扮演 Thomas、谁扮演 Toby。他仍然不会说话。

东东过两岁生日时，有位朋友送给他一套纸板拼图，是他常看的《芝麻街》的 Elmo 图案。他看了一眼盒子上的图案，然后开始拼图。我和朋友聊天没太注意他，等我们再看他时，他已经把一套35

块的拼图拼好了。他没有说话，也没有得意地叫我们看。他的世界是无声的。这是我第一次知道他有很强的图像记忆能力。

当时，在纽约能买到很多纸板拼图，其中有托马斯火车系列，也有芝麻街系列。我先后给他买过很多35块的和60块的拼图，很快他就能拼100块的了。记得有一版托马斯的拼图是带荧光的。有一天，他拼好后，我高兴地关上灯，看着带荧光的托马斯火车和拼图中游乐园里的走马灯和天上的流星。现在回想起来，我不记得东东和我一起大呼小叫的样子，是我这个做妈妈的很兴奋，东东一如既往地不会说话，也没有太多表情。

曼哈顿的公寓楼里有个带平台的儿童活动室，去那里可以见到楼里其他的小朋友。有些妈妈或者阿姨之间聊得来的，会把孩子约在一起玩。我也尽可能地安排东东和其他孩子在一起，东东并没有不愿意，但明显感到他和别的孩子在一起时，也还是自己玩自己的火车和乐高。去公园他也不会和别的小朋友玩捉迷藏、建沙堡等需要互相约定游戏规则、有互动的游戏。

妹妹出生后（很幸运，不是唐氏儿），同时照顾两个孩子的压力让我喘不过气来。家里住房面积小，租房时没有考虑会有第二个孩子出生。白天三个人挤在一起已经觉得没有一处安静的地方，实在无法想象再请全天阿姨来家里会是什么状况。况且在曼哈顿请全天的阿姨费用也不少，带孩子的阿姨还不负责做饭，综合考量，还是我继续在家带孩子。

妹妹是2005年夏天出生的。夏天和秋天还算好，如果东东想出门，我就把妹妹放到婴儿车里一起带出去。紧接着冬天来了。纽约的冬天漫长而寒冷，从11月起就非常冷，刮大风，下大雪。每天出门前我先把两个孩子严实地裹好，自己再穿好行动方便的外套，带好妹妹的尿布、奶瓶等装备，还未出门我已经累得不想动了。更麻烦的是，东东有一个站在街口看红绿灯的爱好。无论天多冷，他都会站在街口看红绿灯。我仔细观察过，他先看灯变了，然后看各个方向的车流，再看灯，再看车流……他一站就能站20分钟。我怕妹妹感冒，每次都拽着他回家。他有时不想走，就坐在地上哭闹。我常常是左手推着妹妹的婴儿车，右手拽着哭闹的东东，众目睽睽之下一步一步往家走。

纽约的冬天又冷又长，但东东需要每天出门活动。如果哪天下雨、下雪不出门，他就像被关在笼子里的猴子，坐立不安。我想要个有院子的房子，这样东东可以在院子里玩，我就不必带他和妹妹每天冒着寒风出门活动了——推着妹妹的婴儿车带东东出门，变成了一件劳累而且让人烦躁的事情。我们决定搬出曼哈顿，到郊区租一个带院子的房子。

2006年春天，我们搬到了郊区。

3 两次接受发育障碍的评估
——明显的语言发育滞后、孤独症的可能性

东东2岁生日接受定期体检时,儿科医生和他打招呼,他目光避开了。问他几岁了,他没有回答。

医生在做完常规体检之后,问我东东平时会不会说话,能不能叫爸爸妈妈、小朋友的名字,有没有目光交流等问题。我知道东东说话晚,但除了这一点之外,没觉得有其他明显的问题,况且他很会拼图,看起来也挺聪明的。当医生提出孩子有言语发育滞后问题,要我们考虑请专业评估师进行评估的时候,我觉得很难接受。我向医生解释说这可能是因为家里语种比较复杂的原因。我是中国人,孩子的父亲是日本人,又是在美国生活,所以家里混杂着英文、中文和日语。医生很直接地告诉我:"这和语种混杂没有关系。"他详细地介绍了纽约州针对发育滞后儿童的早期干预政策,并解释说如果对评估结果不满意,可以拒绝接受干预训练,政府部门不会强迫家长。

我从心里不接受东东有问题，不想接受评估。孩子的父亲倒是觉得听听专家的意见也无妨。一边担心孩子，一边又不愿接受、不愿面对，我在矛盾的心情下预约了评估。

那天，来了一位会说英语和中文的双语评估师。我清楚地记得她拿着一份很长的问卷，边问问题边做记录。东东回答不出任何问题，无论是用哪个语种。评估师还带来了一些玩具，和东东玩了一会儿，观察东东的行为表现。评估师会说中文，我们用中文聊了一会儿。我向她请教，在她经历的评估中，像东东这样的孩子多吗？有什么问题吗？是不是因为语种复杂，孩子有些混乱？她告诉我说，在东东这个年龄（2岁），是有一些孩子不会说话，其中有些后来慢慢开口说话了，有些要等到很晚，目前还不好判别东东有没有其他问题，但言语发育障碍是很明显的。她说，她会在评估报告里提出，建议我们申请政府提供的言语干预训练。

东东在一旁玩自己的乐高和托马斯火车。只要我们不打搅他，他对评估师的到来没有不适也没有哭闹。

后来，我们接到了评估报告，但我没有看。面对一个不会说话的儿子，一个还是婴儿的妹妹，加上经常搬家的不安和失去工作带来的焦虑及失落，我的精神已经接近崩溃的边缘。我没看评估报告，也没申请任何干预训练，更没有和在北京的父母及哥哥说。从那个时候起，我几乎不再和以前的同学、朋友联系了。

搬到纽约郊区后没多久，东东接受了3岁的定期体检。当时东东可以说出字母、简单的单字，但还是不能对话，也不能主动用语言来表达自己想要什么东西。记得当时儿科医生问我们：东东能不能说3个词以上的句子，比如"I go to park."（我去公园），也就是有主谓宾的句子。医生说，如果他能说有主谓宾的句子，说明他开始理解"我"的概念，开始用语言建立自己和外部的关系。医生又问我：东东会不会说两个有前后关系的短句，比如"Get that. Give it to me."（拿这个给我），如果孩子能说，说明孩子能够使用语言表达有前后关系的意愿，这是孩子建立语言逻辑的第一步。我记得我听医生说这些时很紧张、很焦虑，因为这些东东都不会。直到3岁体检时，他不会说有主谓宾的完整句子，更不会连续使用两个有前后关系的句子。

儿科医生再次提出要请评估师做发育方面的评估。

这次评估不是在家里，而是在学区指定的地点，是在一个相当宽松的环境里进行的。评估师问了一些"你叫什么名字？""几岁了？""你是男孩还是女孩？"等非常简单的问题，但东东答不上来，或者说没什么反应。老师还让他做一些搭积木、拼图、按颜色或形状分类的简单游戏。如果东东能明白让他做什么，他就能完成；他不明白的，就自己走开。老师也问家长一些孩子的情况。印象很深的是老师问我孩子会说多少个单字。我怕说得太少，老师评估会特别差，努力地跟老师解释他会数数、认得英文字母，还会说出几种颜色的名称……老师一边观察孩子的言行，一边在一张很长的问卷上打分评估。东东很快就待不住了，冲到门口，想离开那个房间。当老师跟他说"不行，还没做完"时，他开始大哭，喊着："Home. Home. Ku-. Ku-." Ku 是日语"车"（Ku-ru-ma）的第一个音。他想说的是：他想回家，马上上车回家。评估就这么结束了。后来我们收到通知，认为他有孤独症的可能性，需要接受特殊教育（special education），远不止我们当初设想的只接受语言方面的训练。

这是我第一次听说特殊教育。我在长沙读到小学三年级，四年级转学到北京，之后在北京读中学、读大学。在我上过的所有学校里，都没听说过特殊教育，也就是给需要特殊帮助的孩子提供个性化的教育。20多年前，我在国内基本没听说过孤独症，唐氏综合征也是怀女儿时第一次从妇产科医生那里听说的。当这些陌生的医学词汇落到自己身上时，我甚至不知道该向谁说，不知道这一切是不是自己的错。

孩子的父亲比我冷静，他说有些孩子就是和别人不一样，他说，"我们养"。我现在还清楚地记得我的愤怒和无奈。每天和孩子磕磕碰碰、洗衣做饭、接送孩子、放弃工作的机会的那个人是我！但同时一股不知道从哪里涌现出来的、一定要带大这两个孩子的强烈的母爱，充满了我的身体、我的大脑。我处在盲目、亢奋和极度紧张的精神状态之下。

虽然我拒不接受东东有任何问题的诊断，但还是抱着也许学区的帮助会对孩子有好处，去试试看的心态，2006年10月，我们签署了学区特殊教育教师为东东制订的个性化教育课程IEP（Individualized Education Plan），东东开始在所在的英语幼儿园和日语幼儿园定期接受特殊教育的干预训练。当时互联网已经普及，但是每天照顾两个年幼的孩子，我已经筋疲力尽，更主要的是害怕看到那些刺眼的字眼，我没有勇气去查阅孤独症的相关知识以及特殊教育方面的资料，只是被动地按照学区的要求安排东东接受干预训练。

4 接受早期特殊教育干预训练
——在幼儿园和家里同时接受特殊教育教师、言语训练师和 OT 训练师的干预训练

2006年5月，我们从纽约城里搬到郊区。后来我才知道这里是2月份开始新学期的报名，5月份才来申请实在是太晚了，很多地方都已经报满了，我们好不容易才找到还有名额的幼儿园。记得那天我们刚进门，电灯就灭了，室内突然间暗了下来。再一看东东，发现他站在门口，是他按下了墙上的开关。第一天来就惹了祸。还好，幼儿园老师没表现出不高兴，笑呵呵地打开灯，带着东东进去了。

幼儿园8月底开学，学区提供的干预训练服务10月份正式开始。在这之前，学区主管特殊教育的老师和家长开会征求我们的意见。学区老师没提出什么要求，只是希望我们考虑把三个语种至少减少到两个，干预一段时间后看看效果。孩子的父亲是日本人，由于工作关系，将来东东回日本上学的可能性比回中国上学的可能性

大，我们决定暂时不在家讲中文，把他的语言先集中到英语和日语上。（我为这个决定后悔了很多年，可惜有些决定，一旦做出就无法再回头了。）

第一次遇到东东的特殊教育教师 Hitomi，是在东东的英语幼儿园里。当时东东每周有三个上午去一所日语的家庭幼儿园，两个下午去这所英语的幼儿园。虽然孩子哪个语言都无法沟通，我们还是希望儿子能多接触些不同的语言文化，也多接触一些其他的孩子。Hitomi 老师在东东有课的时候来一个小时，在幼儿园里帮助东东熟悉环境，帮助他融入集体。Hitomi 老师是日本人，有在美国从事特殊教育的资格。学区特意安排像她这样有双重语言文化背景的老师同时在英语和日语的幼儿园里训练指导东东。费用由本地的财政税收支出，属于社会福利，家庭不需要承担费用。我们对学区的安排充满感激，也对 Hitomi 老师充满期待。

在开始干预训练之前，Hitomi 老师并没有和我沟通过她这学期干预训练的大纲。也许是因为东东属于学龄前儿童，学区提供的干预训练算作社会福利，不算是正式教育体系内的教学，也可能是因为东东并没有做医学诊断，只接受过评估，无法以孤独症为前提和家长沟通干预内容。我后来没问过她，也就无从得知。但现在回想起来，我应该主动请老师介绍一下，她认为东东的问题在哪儿？准备如何干预训练？我能够从哪些方面配合？

见面当天，Hitomi 老师递给我一个日记本，告诉我她将记录她在幼儿园辅导东东的一些具体做法，以及东东当天的表现，也鼓励我记录东东在家的情况，这样即使我们不见面也可以保持沟通。我就靠交换日记的形式配合特殊教育教师帮助东东学习适应幼儿园的集体生活。虽然我和 Hitomi 老师的母语都不是英语，但按照老师的要求，日记用英语记录，以方便日后学区查询核实训练服务的内容。

Hitomi 老师很快和东东建立了信任关系。东东好像很喜欢在幼儿园见到 Hitomi 老师，没有因为自己和别的小朋友不一样而排斥老师来幼儿园单独帮助他。老师主要负责帮助东东融入集体，教他使用语言和小朋友沟通，向老师提出自己的要求，并回答老师的问题等等，帮助东东提高集体生活和社会交往能力。因为东东当时基本没有语言，Hitomi 老师花了相当多的时间教他发音，说简单的句子，并学习用目光进行交流。由于东东经常会有坐不住、走来走去、自言自语等行为，Hitomi 老师还想办法一遍遍地教他幼儿园的规则。这些听上去很简单的内容，对于当时的东东来说需要日复一日地反复练习。Hitomi 老师还负责和学区主管特殊教育的老师联系，汇报东东训练的进展情况（有时是退步），提出改进建议。遇到 Hitomi 老师是东东和我们全家的幸运。虽然我们意见并不完全相同，但我发自内心地尊重她的意见，在家尽可能地照着老师的指示进行配合。（和特殊教育教师的交换日记详见后文。）

紧接着学区又安排了一位负责言语训练的老师，也是位会讲日语和英语的双语老师。她提供一次去幼儿园和一次来家里的干预服务，每次各 40 分钟左右。言语训练师原则上只负责教东东练习发音，练习把单字组成句子，在听到的语音和意思之间建立联系等。她每周都来家里一次，在教东东发音的同时，也教给我一些训练技巧，这样我在家里也可以陪东东练习了。

东东当时 3 岁多，仍然有好几个音发不清楚。这是当时的记录。（右侧为东东的发音）

打开：あけて　Akete　　　　（あねけ）Anete
加油：がんばって　Ganbatte　（がんまって）Ganmatte
忍着：がまん　Gaman　　　　（かまん）Kaman
停止：やめて　Yamete　　　　（あめて）Amete
不行：だめ　Dame　　　　　　（あめ）Ame

根据特殊教育教师 Hitomi 的提议，学区又给东东安排了一位负责 OT[1] 训练的老师。OT 老师不直接去幼儿园为东东提供干预训练服务，每周一次来家里给东东上课，主要训练他的手指灵活性。当时东东无法用拇指、食指、中指握笔，所有需要手指灵活性的活动，比如写字、描线、剪纸、系鞋带等，对他来说都很困难。为了让他能用拇指和食指形成一个反 C 型，老师把纸巾攥成一个小纸团让他握着，以保持握笔姿势。老师还带来了各种智力玩具，比如让他在有玩具钉子的木板上用橡皮筋把钉子连接起来，或者让他用很小的球珠在复杂的轨道上滚珠。这些都是帮助他锻炼手指的关节和肌肉的。每次老师带来新玩具，东东都很高兴。如果他坐不住，老师也不勉强他。40 分钟的课程不长，东东没有什么抵触情绪。

Hitomi 老师还反复反馈给我东东在幼儿园经常会有在椅子上坐

1　OT（Occupational Therapy），全称为作业治疗。在作业治疗中，康复师运用大量的作业活动对有特殊需要的儿童进行自理能力和生活适应能力方面的训练，帮助儿童未来取得更多的独立性和适应性。

不住、在教室里跑来跑去、有时会躺在地板上等现象,并提到东东可能有感觉统合失调的可能性。增加感统方面的训练需要再次对东东进行评估,还需要 OT 老师的专业意见,更需要学区增加预算去请感统训练师。这件事拖了一段时间后,不了了之了。我当时尚处在不接受、回避孤独症这个话题的状态,没有主动和学区进一步交涉,也没有查询有关感统失调方面的知识和干预方法。但我清楚地意识到,东东每天需要很大的活动量,只在公园里跑一跑、骑一骑自行车是无法让他的身体安静下来的。

5 他站在了我的认知之外
——平行世界里的母与子

从家里到东东的日语幼儿园，走路需要 20 多分钟，但因为还要带着妹妹，我总是开车接送东东上幼儿园。应该是他 3 岁多的时候，有一天，我开车去接东东，发现有一段路正在修理，便绕道去了幼儿园。接到东东，我也准备绕道回家。正在我转弯偏离每天上下学的道路时，东东在后座上突然开始哭起来，双腿不停地踢前面的座椅。我开车技术差，不敢回头，也没有多余的精力看后视镜，就只好任由他哭闹了一路。

任何偏离他日常生活轨道的意外，对东东来说都是不可接受的。

接受干预训练之后，特殊教育教师 Hitomi 和言语训练师 Yumi 都告诉我，东东这样的孩子每天需要一个固定的作息时间表。东东当时已经能认墙上的时钟了，老师建议我们列个表，告诉东东几点该做什么，让他事先有个思想准备。突发的事情可能会引起孩子情绪失控。

东东理解不了"过会儿和妈妈一起去超市"是什么意思。对他来说,"过会儿"好像太抽象了。如果指着墙上的钟告诉他:"现在4点45分,到5点,出发去超市。"这对他来说要好理解很多。当然,他会抬头看墙上的钟,然后纠正我:"是4点47分……"

我不知道东东是如何感知时间的长短的,但好像只要他的生物钟和时钟对上了,他就会放松很多。美国实行夏令时和冬令时,夏天来临时,时钟会向前调一个小时,到冬天再调后一个小时。我一般只需要几天就能适应,但东东不行。他靠身体感知时间,会按已经形成规律的时间起床,这一小时对他来说需要好几个星期才能调整过来。

同样的,对他来说,"慢慢走"也是很难理解的概念,但如果老师拍着手,数着"一、二,一、二"的节奏,他就能理解老师是让他在室内按这个速度走路,不要乱跑。他身体内有速度的感觉,但需要一个媒介(用"一个节奏"来告诉他速度)来理解别人的语言。

东东对方位好像也有特殊的敏感度。就像他可能理解不了我为什么会迷路,我理解不了他为什么无论站在哪里都知道自己的方位一样。但他的方位感也会给我们带来困扰——他记得开车走过的路,一旦接受了这条路线,就接受不了变化。如果改变路线,我需要事先告诉他,让他有心理准备。

后来我们发现他很喜欢旅行。他看我们把行李装在后备厢里,就知道要出远门了。如果知道不是一条熟悉的路线,他对去哪儿、走哪条路,没有不适的反应,反而是紧盯着窗外,基本不在车里睡觉。大概在他4岁那年,我们带孩子从纽约开车去佛罗里达的迪斯尼乐园,去的时候在一个州的高速公路旁的中餐厅吃了午饭。回程又路过那个州,我和孩子爸爸正商量去哪里吃饭,突然,东东从后面冒出一句:"43号出口。"他记得前几天路过时我们是从那个出口下的高速。后来他长大些了,能表达的多一些了,我还说起过这件事,他告诉我,他当时一直在看高速公路的里程牌和出口的号码,他记得路过的所有州的高速公路的里程牌是从1到多少号(也就是多少英里),记得我们从哪里下高速、去哪里吃饭、去了哪个加油站加的油。

东东对光线非常敏感。我第一次感觉到他可能对光敏感是在他2岁的时候。当时我们住在曼哈顿,那里有很多半地下的餐厅和儿童活动室。有一次我正带他下楼梯往地下活动室走,他开始挣扎着摆脱我,然后往回爬楼梯。我当时感觉他可能本能地害怕暗的地方。

他的身上还不能沾水。如果吃饭有汤沾到衣服上,他马上要脱下来。洗手时水溅到衣服上也不行,马上闹着要脱衣服。后来我发现他喜欢光着脚,不穿上衣也可以,但不能沾水。不知道是不是沾水的衣服会引起皮肤的强烈不适。当时车里备有换洗衣服,我们随时准备应对意外的发生。

东东的绝对音感我是在他开始学习钢琴后才知道的,他听得出音的非常细微的差别。东东学习说话、理解对话的内容很困难,但建立乐谱和琴键以及音阶的关系对他来说并不难。

很多年来,我都觉得他像一个纯粹的小动物,靠身体的本能在感知时间、方位、声音和光线。他很难理解人类用语言描述的各种概念，也不明白字里行间所要表达的复杂信息。他的世界是单纯的，有明确的生物钟、方位、音高和光亮，但不是我能够理解的。

  他站在了我的认知之外。

6 邻居奶奶 Mema 和 Nana
——无条件的爱与接纳

所幸的是,搬到纽约郊区后,我们终于有了一个属于自己的带围栏的小院子。我可以放心地让东东一个人去院子里玩,我自己在屋里带妹妹或者做家务了。我们和房东 Mema、Nana 同住一套左右独立的联排房子,每周我还会请 Mema 帮我照看孩子几个小时,这样我可以安静地休息一会儿。就算只是去超市买菜,也能安安静静地一个人,不用担心妹妹会哭,不用担心东东转眼就不见了,对当时的我来说这是很难得的放松时间。

Mema 是一位退休的幼教老师,70 多岁,离异多年,和好友 Nana 住在一起,两个人互相照应。小时候她和家人从北爱尔兰移民过来,姐妹几个生活在美国和加拿大各地。她有一个妹妹住在费城附近,是一位修女,替一个慈善基金会管理一个全托的残疾人福利机构。Mema 本人也有特教的从业资格,遇到过有发育障碍的孩子。

Mema 和 Nana 家的地下室除了放置空调和锅炉设备，剩下一大半的面积是个精装修的活动室，有电视、沙发，还有两位老人的孙辈们用过的玩具，包括一个很大的摇椅马和一个桌面足球的台子。东东和妹妹都喜欢 Mema，东东不会说话，妹妹一会儿要零食，一会儿要抢哥哥的玩具，Mema 总是笑呵呵地哄着他们俩，从没有半句怨言。在异国他乡孤立无援的情况下，两位老人对我们的接纳和对孩子们的关爱给了我很大的安慰。我每周都会在 Mema 照看孩子的时候做好饭，请 Mema 一起来家里吃晚饭。她自己做饭很简单，每次在我家吃饭，她都夸奖我："Wow, What a treat！"（太丰盛了！）

我们搬过来时东东已经 3 岁了，他还存在很多其他小朋友早就解决了的问题，比方说不会系鞋带，不会自己穿衣服，晚上睡觉要穿纸尿裤等等。我当时很着急，不明白这些为什么会这么难。Mema 告诉我，可以把这些动作尽量分解成一个个细节，每个细节都试着坚持练习两个星期，每天重复练。如果两个星期还没有学会，那说明孩子没有处在能够学习掌握这项技能的阶段，不必勉强孩子，可以过两个月重新再来练习。每个孩子的发育速度不一样，各项能力的发展也不一定平衡。当孩子处在有接受能力的发育阶段，模仿是很简单的事情。如果两个星期都无法完成一个细节的学习，继续练习会增加孩子的挫折感，影响孩子的学习积极性，不妨过一段时间再重新练习。

Mema 总是很乐观。我有一次特别沮丧地告诉她，东东还是不会系鞋带，而且经常搞得自己很烦躁，躺在地上哭闹。Mema 的解决方法很简单——那就只穿带粘扣的鞋子。哈哈！后来我没再强迫东东练习系鞋带，只负责到处给他找不需要系鞋带的鞋子，号码越大越难买到，但我再也没有在系鞋带这件事上纠结过。他后来什么时候开始会系鞋带的我已不记得了。东东不会自己穿衣服，Mema 的解决办法是——把衣服反过来（领子朝向自己）平放在地上，让东东把双手一起插进袖管里，然后抬手绕过头顶，就穿上了。她总是说，让孩子做他能做到的，不会也别着急，一点一点来。

  Nana 更是一个骨子里乐观快乐的老奶奶。她养了两条狗 Star 和 Sky，是一种大型狗，比几岁的小孩子还要高大。有时她出去遛狗的时候会过来问东东和妹妹要不要和她一起去。东东以前很怕动物，不敢碰。妹妹不怕，很喜欢去摸狗毛。我还记得 Nana 大呼小叫地逗妹妹："Aya（妹妹的名字），不要摸尾巴，你看 Sky 不高兴了。来，摸脖子。"

  东东开始接受干预训练时，我经常会被学区主管特殊教育的老师或者幼儿园老师叫去沟通东东的表现。现在回想起来，如果不是 Mema 和 Nana 在，我真不知道一个人怎么同时照顾东东和妹妹。她们有求必应，只要在家，随时愿意帮忙照看两个孩子。

  Mema 和 Nana 不仅是慈爱的奶奶，对我来说也是可依赖的长辈。有一次和 Nana 聊天，说起如果有来世，我想当个花匠或者学习音乐，她一如既往地笑着说："Yan, you're not old! You have years to come. You can start now. You don't have to wait until next life..."（你不老啊！你的人生还有很多年呢，你可以从现在开始，不需要等到来世啊！）被她像机关枪一样地猛说了一顿，我突然醒悟：是啊！谁说 35 岁不可以学钢琴啊！当时我已经被每天的日常琐碎和对东东未来的担心逼到了精神的极限，生活中需要有另一件事情让我暂时忘记孩子带来的烦恼，忘记眼前的窘迫。正好丈夫的同事准备搬家回日本，把他家的钢琴半卖半送给了我们。在为东东找钢琴老师学琴的同时，我自己也从35岁开始学起了钢琴。

由于我们和 Mema、Nana 家是一套左右连体的房子，我如果在家练琴，肯定会打扰到她们，尤其是在地下室。我家客厅放钢琴的位置就在她们那边地下室的顶上。我们租的这边没有地下室，她们那边把地下室打通装修成一个很大的活动室。我的时间都放在孩子和家务上，能练琴的时间非常少，只要能坐下来练10分钟、15分钟，我就随时坐下来练习，没有余力考虑她们的作息时间，也做不到事先和她们商量。我觉得非常内疚，有一次向 Nana 道歉时，她笑着说："你最近进步很大啊！"她的宽容总是给我很多安慰。

和她们比邻而居的那几年，我每天都有各种担心，身心俱疲。是 Mema 和 Nana 把东东和妹妹当作普通又可爱的孩子，春天带他们在院子里种花浇水，夏天在院子里摆个充气的塑料小泳池让孩子们玩水，秋天一起扫落叶，冬天一起扫雪。

"Aya，把雪堆到路边上！"我边铲雪边招呼妹妹。

妹妹拿着小铁锹，把我们好不容易铲到一起的雪，又一小铁锹一小铁锹地撒了一地。

"Hahaha..."旁边响起 Mema 和 Nana 爽朗的笑声。

在家里，虽然我和孩子爸爸坚持把东东当正常孩子对待，但配合学区接受各种评估、做阶段性报告以及配合特殊教育教师在家帮助东东练习说话、练习目光对视等，使我们没有一天能够摆脱"东东是个有问题的孩子"的阴影。

是 Mema 和 Nana，是她们对东东和妹妹无条件的爱，给了孩子们最渴望、最需要的正常生活。

7 便秘与游泳
——不只是语言和社交的问题

大概从 2007 年底开始,东东开始严重便秘。

当时特殊教育教师反映东东在幼儿园坐不住,走来走去的频率没有下降,反而上升了。她还反馈东东在幼儿园有排气的现象,估计是便秘。我在家也觉得东东排便的次数不够。在老师的建议下,我在冰箱上贴了一个日历,专门记录东东排便的时间,并通过交换日记的方式,向老师反馈他在家排便的情况,老师再反过来告诉我东东在学校的表现,看便秘是否是导致他出现问题行为的主要原因之一。

2007 年 9 月,东东开始上本地一所教会幼儿园的 4 岁班,之前他在一所家庭式的日语幼儿园。特殊教育教师的干预训练服务,也从日语幼儿园转到了这所英语幼儿园。开始的一两个星期,特殊教育教师反馈说东东明显不适应这所更规范化的幼儿园。他的英语会话能力不够也是一个重要原因。10月，老师反馈情况在逐渐改善，到了11月，老师反馈问题行为有所增加，她甚至准备写信给学区主管特殊教育的部门，反映东东退步的问题。

可能是偶然，东东便秘的问题也出现在同一个时期。

> **行为分析师评注**
>
> 孤独症作为一种神经发育障碍，是一种共患病比较多的疾病。
>
> 孤独症儿童共患病包括精神方面的共患病和躯体方面的共患病。研究表明，大约70%的孤独症谱系个体至少伴发一种共病的精神障碍，40%的孤独症儿童有两种或多种共病的精神障碍。在孤独症儿童中，共患病是一种常见现象，而且共患病的种类非常多。有50%以上的孤独症儿童同时伴有智力发育落后；也有研究显示，44%的孤独症儿童会有睡眠方面的障碍，40%以上的孤独症儿童伴有焦虑障碍，30%—50%的孤独症儿童会有注意力缺陷多动障碍，还有较高比例的孤独症儿童伴发抽动障碍、情感障碍、抑郁、精神分裂等精神疾病的可能。
>
> 与此同时，孤独症儿童更有可能罹患一些躯体方面的疾病，比如癫痫、脑瘫、结节性硬化、胃肠道功能紊乱等。
>
> 能够在早期识别孤独症儿童的共患病，是干预工作的重要内容之一。如果家长怀疑孩子有共患病，要同时进行两种疾病的确诊。发现了共患病要及时就医，针对症状用药。虽然孤独症核心社交障

> 碍本身是没有药物可以治疗的，但是孤独症的很多共患病都有对症的药物可以进行治疗。比如孤独症儿童常伴发睡眠障碍，临床中褪黑素就能起到很好的改善作用。
>
> 在本案例中，东东可能就有胃肠道功能紊乱的问题，如果家长当时对共患病比较了解，就可以及时去医院就医寻求一些帮助，也许比反复的记录和行为干预要有效得多。

从2007年年底到2008年6月初幼儿园毕业，我一直配合老师坚持记录东东的排便时间。对特殊教育教师来说，她只是提了一个以和家长互动的形式，来评估便秘是否是影响孩子在幼儿园产生问题行为主要原因的建议，但对我来说却成为极大的精神负担。每天，东东从幼儿园回家之后，我就开始盯着他什么时候去了厕所、是不是顺利排便了。几天没有大便，我就会很紧张地问他，要不要多喝一杯牛奶、要不要睡前再去厕所试一试？有时又怕问得太多，孩子压力太大。

当时因为从心理上不接受东东属于孤独症儿童，除了定期体检，我们尽量避免带孩子去医院。虽然知道东东的便秘问题，也没有带他去看医生、服用处方药。我给他在菜里、牛奶里添加纤维粉，鼓励他多喝苹果汁，多吃蔬菜，实在便秘严重的时候，还给他吃非处方的、帮助排便的药。但这些都不解决问题。他仍然便秘，老师仍然隔三岔五地反映他在幼儿园有问题行为，我则继续盯着他在家什么时候去厕所。那张贴在冰箱门上的日历成了我的噩梦。

记得有一次给在日本的婆婆打电话时提起东东便秘的事，老人提醒我，会不会是因为精神太紧张造成的。我当时没有医学知识，也没有精力去了解便秘的原因，更不知道肠道里有神经细胞。当时东东又有几天没有排便了，我心里的确非常紧张，总是在想："怎么办啊！又便秘了，老师又会找家长反映问题了。"我的紧张情绪估计反过来影响了东东，引发了恶性循环。

直到我们意外发现游泳对改善东东的便秘有帮助。

东东需要做大量的运动。我发现，在公园里疯跑、骑车，或者在儿童乐园玩滑梯，这些都无法使他的身体真正安静下来，他需要更剧烈而且是长时间的运动。我试着安排他参加过足球班、棒球班，由于他的身体协调性不好，这些项目他都不喜欢。

后来我发现每次游泳之后，东东总是食欲很好，人变得很安静，排便和睡眠质量也很好。这是一个意外的发现。游泳是全身的大运动量运动。一种可能是游泳直接消耗了东东的体力，让他游泳后饭量和饮水量增加，从而帮助了消化系统的新陈代谢；也有一种可能是游泳释放了东东身体的紧张，从而缓解了精神上的紧张状态，降低了对抗压力而产生的内分泌，从而缓解了便秘。游泳还能锻炼人的骨骼和肌肉，水的阻力、泳池和淋浴水温的变化对他的感觉系统也是良好的刺激。

由于是在单独的泳道，不存在和其他孩子发生碰撞和争抢等情况，东东也更放松。另外，保持直线前进，需要全身的协调能力，对刺激平衡感觉系统的发育也有帮助。这些是后来的分析，当时我们只是从结果上看到了游泳的好处。他每次游泳回来，我们全家都很放松，知道他不会哭闹，做作业也会非常专注。当时除了每周上一次游泳课，孩子爸爸也尽量周末带他去游泳。

游泳让我们看到了实际效果，也就坚持下来了。东东小的时候，如果学校的课业和游泳有冲突，我们会把游泳放在第一位。我们没带孩子接受过专业的感觉系统方面的运动训练。在堪萨斯的时候，东东上6年级到8年级（相当于初中），他参加了学校游泳队的训练，一周三次，25米的泳池，他每次要游25个来回，外加陆上30分钟的体能训练。长期坚持游泳之后，他严重的便秘问题不存在了。小时候出现的走路不直、容易摔跤等情况也慢慢看不到了，而我也终于从"记录便秘"这件事上解脱出来了。

8 升不了学前班的普通班
——回避不了的上学问题

2008年6月,东东5岁了。

他在升学前班时遇到了很大的问题——学区老师不同意他升入本地公立小学学前班(Kindergarten)的普通班。

进入2008年后,东东很长一段时间在幼儿园的表现都不太好。特殊教育教师努力帮助东东遵守幼儿园秩序,还根据他便秘的情况灵活安排活动内容,但情况没有明显改善。当特殊教育教师建议家长带孩子去做孤独症的医学诊断时,我觉得非常突然,完全不能接受。虽然当时东东确实有几个月持续表现不好,但我在家看到的是他开始愿意用语言沟通,开始主动拥抱家人,甚至有一次主动提出想下课后和一个小朋友玩儿。这对一个从小不喜欢被人抱、不和任何人主动交流的孩子来说,是一个很大的进步。我接受不了,为什么这个时候特殊教育教师要让我们带他去确诊?

紧接着，学区又安排精神科医生到幼儿园给东东做了心理评估，来判断他在新学年是否继续需要接受特殊教育。当天，精神科医生问了东东一些简单的问题，如："Are you a boy?"（你是男孩子吗？）但东东回答不了。我和孩子的爸爸都去了评估现场。我站在旁边，一直在哭，不记得医生还问了什么问题，更不清楚当天的评估是怎么结束的。

这年的整个春天我们都很被动。为了孩子升学前班的事情，除了特殊教育教师建议我带东东去确诊、学区组织精神科医生对他进行心理评估，我们还被安排去参观学区的公立小学，参加各种特殊教育委员会组织的会议。各位参与孩子特殊教育干预训练的老师都需要提交书面材料，家长也需要提交意见书。我一直处于紧张状态，老师的负面反馈更加剧了我的紧张情绪。估计我的情绪反过来会影响到东东，使他也处于精神紧张状态。

学区最终判定东东各方面的能力无法适应学前班的普通班，认为他仍然需要一对一的干预训练，准备安排他去公立小学的特殊教育班。我清楚地记得当我听到学区老师的通知时几乎失去控制，当晚流了一夜的眼泪。我完全接受不了，作为孩子的妈妈，虽然知道东东在幼儿园还是有坐不住、不听话、不做功课的现象，但还不到扰乱学校秩序的程度，为什么不能给孩子一个和别的小朋友一起上学的机会呢？

美国的义务教育从学前班（Kindergarten）开始，之前的幼儿园不属于义务教育。对三四岁儿童的干预训练服务，学区可以安排在私立幼儿园，但对学龄儿童的特教服务则只限于公立教育体系。当时我们所在的纽约郊区，每个学区的公立小学中都会有一个班为需要帮助的孩子提供特殊教育服务，费用由学区（地方财政）支付。如果脱离公立教育体系，仍然可以申请学区提供的免费特教服务，但服务地点只能是指定的公立学校，无法像三四岁时请特殊教育教师到孩子所在的学校来帮助孩子。接受早期干预训练的孩子，是上"普通班"还是"特殊教育班"，需要通过一系列的评估，最后由学区和家长协商决定。

学区为有特殊教育需要的孩子们准备了一个8-2-1班（即8个孩子，配两位助理教师和一位主教师）。另外，当时纽约郊区有很多从中南美洲移民过来的家庭。学区为了帮助这些讲西班牙语的移民的孩子上学，特别开设了一个12-1-1班（12个学生，配有一位助理教师和一位主教师，学生们可以得到比其他普通班级更多的支持）。在公立教育体系中能为学生提供如此个性化的教学内容，作为家长觉得难能可贵。

这两个班我和孩子爸爸都去参观过，也和负责的老师交流过，但我们觉得8-2-1特殊教育班不适合东东，因为这里开设的课程和普通班级完全不同，我们担心这样下去，无论在学习上还是在和同学的交流上，东东和其他孩子的差距只会越来越大。那个12-1-1班也不适合东东，因为教师基本上用英语和西班牙语双语教学，是为以西班牙语为母语的孩子设立的一个过渡性质的班。

我固执地坚持东东不是孤独症儿童，我的想法是，孩子的很多优点，比如他的视觉记忆力、他的绝对音感、他的空间思维能力和他的专注力（只对他有兴趣的事情）都超强，这些优点，老师们在评估时都没有给予足够的重视,他们只看到了他不会说话、不适应集体生活的弱点。如果我们把孩子送到特殊教育班,他的这些优点可能就没有机会得到培养和发挥了。我和孩子爸爸商量的结果是,如果学区不同意东东上普通班,我们就不上公立学校了。如果找不到私立学校愿意接收东东,那就不上学了,我在家自己教育孩子(home schooling)。

9 一个班 10 个孩子的私立小学
——也许孩子需要的只是更宽松的环境和多几年的特别支持

在知道肯定上不了公立学校学前班的普通班后,我们马上开始寻找是否有其他选择。当时已经 6 月初了,学校快放假了。

东东真是幸运,我们找到了一所教会幼儿园的学前班。

一般的幼儿园只有 3 岁班、4 岁班,因为学前班已经进入义务教育体系,隶属于小学而不是幼儿园。当我见到这所幼儿园的校长,并向她诚实地说明了情况后,她微笑着对我说:"我们保留了这个学前班,就是因为有些家长觉得孩子还不够成熟,可能跟不上小学的学前班,愿意付费给孩子一年的缓冲时间,在一个类似幼儿园的环境中接受系统的知识教育。"她让我把东东带过来看看,面试一下。

面试时我是不能进教室的,我把东东送到教室门口,他自己进去和学前班的孩子(当时比他大一岁)一起度过了一个小时。出来后,老师说:"东东有些坐不住,东张西望的。这样的孩子我们以前见过，我们有两位老师，只有 10 个学生，我们管得了。"我激动得不知怎么感谢老师，东东总算有学上了。

就像校长介绍的那样，东东上的这个学前班只有 10 个孩子，它不是一个特殊教育班，家长选择付费来上私立学前班多多少少都有一些原因。除了东东外，班里有个刚从俄罗斯移民过来的孩子，他妈妈觉得他的英文还不够好，这里是小班，老师有足够的时间照顾每个孩子的需要；还有个男孩的妈妈觉得他的生日正好卡在分学年的月份上，比别的孩子小了近 1 岁，个头也小，怕到小学的学前班受欺负；有个女孩的妈妈喜欢这里的课后托儿服务，她全职工作，觉得把孩子交给这里的老师放心。这里的家长是在考虑清楚孩子的需要后决定把孩子送过来的，大家都很珍惜这个环境，也愿意来做义工，为孩子提供丰富多彩的校园生活，10 个孩子也相处得很好。

老师知道东东说话晚，其他方面也有跟不上的地方。每次放学去接他，老师总会告诉我作业内容，或者明天要讲的新内容，这样我可以在家提前帮东东准备。老师从未批评过东东字写得歪歪扭扭、说话不清楚。相反，每次去观摩教学的时候，都会发现老师特意给东东机会，让他在大家面前回答一些和数字有关的或他能够回答的问题，帮他树立自信心。

一年的时间过得很快，东东又面临上学的问题了。这个幼儿园最高年级只到学前班，没有一年级。班主任老师知道东东还需要小班的环境，给了我两所私立学校的名字，让我去和他们联系。

2009 年 8 月底，东东进入了一所本地的私立小学。这是一所传统的为升私立大学做准备的从学前班到 12 年级一贯制的学校。他所在的1年级班当时只有10个孩子。在这里，我们开始接触美国严格的素质教育。

这是一所教会男校，早上从祈祷课开始，学校的气氛很严肃，小男孩的校服是系领带的，校舍内不允许追逐打闹。我们如实向学校说明了东东的情况，包括他3岁到4岁的两年间接受过什么样的干预训练服务。他通过了简单的入学考试，老师表示愿意接收，班主任把东东安排在自己眼前的座位上。虽然班里只有10个孩子，她也要确保东东能坐得住、跟得上。她告诉我，她有时会单独指导东东的英语文法；数学方面，如果东东做得太快，她会再给他一张卷子，让他有事情做，不要乱动。

1年级的班主任很热情也很开朗。东东入校后我第一次去学校见老师时，她主动过来说："东东太有意思了。他有天跑过来说：'老师，学校有好多钟，但每个时间都不一样。'"老师觉得东东的问题很可爱，我也很高兴看到老师不介意东东和别的孩子不太一样。

这所学校非常重视培养孩子的阅读和写作能力。学校使用的课本程度很深，英语分为三门课——阅读、语法和词汇。其中阅读课使用的课本难度很高，并且分成两套不同程度的作业体系，即B（Beyond，超前水平）和O（On level，在线水平）。东东一直都只能用O水平的作业本，他的阅读和答题作业，每天我都需要花费起码一个小时才能陪他做完，还要加上拼写单词、准备第二天一早的小测验。

出乎我的意料，学校没有向我反映东东有什么特别的问题行为。因为是男校，学校根据不同年龄段男孩子的特征安排课程。1年级每节课只有 30 分钟，一天起码有 8 节课。学校把一些重点课程细分成好几门课，每天都能接触 30 分钟，又不至于因上课时间太长，孩子们集中不了注意力。午饭之前，还安排了 30 分钟的活动时间，让孩子们到外面的操场去活动，没有老师组织，让孩子们自己玩。吃午饭的时候孩子们大都又饿又渴，有什么吃什么，基本不挑食。老师说这是学校多年总结出来的经验，他们知道怎么在管孩子学习的同时释放他们身上的能量，让他们健康成长。

东东也有感觉不适的时候。因为是教会学校，学生们需要参加各种宗教仪式，这也是学校教育学生的一个环节。教堂是当地重要的社交场所，每个年龄段的宗教活动，该穿什么样的礼服、该准备什么发言都是有规定的。我们不是基督教家庭，但会被邀请参加同学的宗教活动。学校也会组织弥撒以及圣诞节的话剧演出等。每次活动我都替东东紧张，怕他忘了台词或因坐不住而身体乱动，影响会场气氛。会后大家会拍照留念或者约起来去餐厅聚餐，这些对东东来说有很大压力。记得有一次参加完一个重要的活动，他一直说不舒服，在回家路上还吐了。

东东和其他小男孩相处得不错，但他依然话不多，基本不主动说话。除了上本地小学，东东坚持游泳，周末上日语学校。

10 搬家到日本，插班公立小学普通班
——孩子终于能在公立小学正常上学了

2011年6月，东东8岁。上完小学2年级后，由于孩子爸爸的工作原因，我们搬到了日本。

就在我们搬来之前的3月份，日本发生了大地震、海啸以及福岛的核泄漏，刚住下来时还经常有余震。记得当时家具还没有到，我坐在空空的房间的地板上，靠着墙跟着一起晃，想象着不知道东东和妹妹能不能适应接下来的学校生活，心里忐忑不安。

回日本之前的几年，我每年夏天都带孩子回一趟北京看孩子的外婆、外公，再带孩子到日本看爷爷、奶奶。东东在纽约时坚持上周末的日语学校，他的日语是有基本的听说读写能力的。我们特意选了一所东京城里靠近使馆区的公立小学，那里每个班都有一两个外国孩子或者从国外回来的日本孩子，老师和同学们都习惯了学期中总会有同学插班或离开。那所小学的校长以前在纽约的日本学校

工作过,我们虽然不认识这位校长,但慕名而来,希望学校的气氛比较宽容,对外来的插班生比较友好。其实我们当时也做好了思想准备,如果东东跟不上本地学校的课程,或者被霸凌,我们就把他转到附近的国际学校。东东的上学问题始终是我的一个心结,我和孩子爸爸做好了两手准备。

因为纽约的小学老师已经好久没有反馈东东有明显的问题行为了,这次我没有向老师主动说明东东小时候接受过两年的干预训练服务,他一直到5岁都不能有效沟通,而且在美国上的小学是只有10个孩子的小班。

日本公立小学一个班一般有35名学生,这对一直都在小班上课的东东来说应该是个不小的变化。每节课的时间比纽约郊区那所私立小学要长,学生要自己负责值日,做卫生清扫。除了午餐由学生自己分餐、在教室用餐之外,每天的流程感觉很接近我自己上小学时的样子。

新学期开始后,学生们有统一的课本,有固定的座位,有固定的课程表,轮流值日,轮流负责午餐分餐。这和以前在纽约的私立小学很不一样,那里各科教师有更多的主动权决定授课内容和考试内容,老师也会根据自己的教学理念和班里孩子的理解程度灵活调整授课内容。这所日本的公立小学,更接近我熟悉的国内小学的环境,有统一的教材、统一的教学大纲、统一的考试范围。每天基本都是预习—上课—复习,循序渐进,打好基础。这种系统的学习方法很适合喜欢程式化生活的东东。虽然开始时他成绩不好,理科(自然科学)甚至交过白卷,但他没有拒绝去学校,或在家乱发脾气。听同学的妈妈说他在学校被一个男生欺负，有时还踢他，虽然我暗地里流过泪，但一直忍着没主动问东东，等着他先说。他一直没说，我就只当他自己有承受能力，坚持忍着没过问。

日本社会治安很好，孩子可以自由走动，不像美国那样必须有成人陪伴。我知道东东喜欢看地图，就给他买了乘车卡，坐火车、坐地铁，全都让他自己去。课后他坚持上游泳课和钢琴课。去钢琴老师那里需要换车，我给他买了一个儿童手机（只能预先输入10个号码，加上报警装置），让他把手机挂在脖子上，碰到问题打电话给妈妈。他每次出门其实我都跟着担心。儿童手机有定位功能，但我怕自己会随时用手机查他的行踪，影响他也影响自己的正常生活，就没有设置定位，下决心让他脱离我的保护，学习自立。

日本的新学期从4月开始，由于东东是5月出生的，他在美国读完2年级之后，没有插班日本小学的3年级，而是重读了2年级。虽然他的日语能力有限，估计有些课听不太懂，但他的数学程度还是超过了同班小朋友。因为有这一年的优势，我彻底放手没有再像在美国读私立小学时那样天天陪他做作业。估计老师考虑到东东有个适应过程，考试考多少分，都没找过家长。自然科学他甚至拿回过0分的考卷，我也没责备他，让他自己面对。

虽然担心东东的学习成绩，但我实在不愿再重复——教他，斥责他，他哭闹，我不耐烦——恶性循环过程。我们把他送到了补习班，没有进最有名、学习压力大的，而是选了一个只有10个孩子的小型补习班。只要他能跟上，补习班老师能有精力个别辅导一下，我们就很知足了。孩子自己走路上下学，放学后去补习班，我不再接送他。

我下决心不再担心他是否在学校被欺负、不再安排他和别的小朋友玩、不再问他学校发生的事、不再盯着他的作业。我让他和妹妹自己照顾自己。可能是终于逃脱了我关注的目光,他一个人磕磕碰碰地上课,下课后一个人骑车去上补习班,每星期坐地铁去钢琴老师家,有时候还负责接送妹妹。被同学欺负了,他第二天照旧上学;丢了钱包和地铁卡,自己去报了警;丢了钥匙就坐在门外等着我回家;回家路上把妹妹丢了急得在电话里大哭……补习班的数学老师打电话来夸奖他的数学是全班最优秀的;语文老师打电话来说他的语文不及格,让我们帮他补课,我只是口头感谢老师的关心,但不再管他的功课。

八九岁的时候,有一天,他很认真地看着我,说了人生第一句,我认为是既完整又很有思想的句子:"妈妈,地球上的水是从哪儿来的?"我告诉他:"我不知道。去拿筷子准备吃饭。"(笑)

11 成长——孩子的自立，我的独立

——母亲也是普通人，也需要有自己的时间、自己的生活

"We're a package!"（我们家是捆绑模式）

我常常这样自嘲当时家里的状况。一直到东东 8 岁那年我们从美国搬到日本，我和东东、妹妹每天都绑在一起。送东东上学不能把妹妹自己留在家里，得带上。送妹妹去参加活动，不能把东东一个人留在家里，也得带上。去超市买菜，两个孩子都要带上。甚至晚上陪东东写作业，我也一手抱着妹妹，哄着她睡觉。东东有严格的作息时间，要围着他转；妹妹要抱着，放下就哭。邻居奶奶 Mema 每周照看孩子的那几个小时，是我唯一的孩子不会在眼前晃来晃去的时间。周一到周五如此，周末如此，节日也如此，我的生活和两个孩子绑在了一起。

从东东出生到搬到日本插班进入公立学校的普通班，整整八年过去了。他已经能进行简单的对话，学校老师也没有反映他上课有

走来走去、打扰教学秩序的问题,他总算开始了正常的小学生活。

这八年,尤其是3岁开始接受特殊教育的干预训练之后,我一直都在"该把他像普通孩子一样要求,还是该给他更多特殊的照顾"之间摇摆。在他很小的时候,他需要一个可以理解、可以遵守的时间表来维持每天的生活,有规律的生活能帮助他减少哭闹,也让我每天的磕磕绊绊稍微少一些。我没有余力在安排东东生活的同时再单独接送妹妹去不同的兴趣班,于是东东上游泳课,妹妹也上游泳课;东东上钢琴课,妹妹也一起参加集体的音乐课。家里是围着东东的时间表在运转,我一直认为这很不正常,而且对妹妹也不公平,但我又心有余而力不足。

搬到日本后,东东上了离家近的公立小学,自己上下学,自己去兴趣班,自己去补习班。日本的兴趣班和补习班都提供打卡服务,东东进门打卡,就会有信息发到我的手机上通知我他到了。虽然我担心他会撞车,会遇到麻烦,但凭着他认路的本领和一个儿童手机,我放手让他学习自立。相信他需要更多的机会去锻炼、去理解——生活里不会有一成不变的时间表,世界也不会围着他转。

对我来说,这八年,每一天都好像很长,长得不知道今晚还会发生什么,明天又是怎样的一天在等着我们。失去的工作机会,已经不再是唾手可得。除了陪在孩子身边,我几乎和社会脱节了。怀东东时,我还顶着名校毕业生的光环,有着从咨询公司到投行的工作背景。八年后,我除了是两个孩子疲惫不堪的母亲之外,不知道自己还有什么价值。

那一年我39岁。我渴望有一份工作,有一个跟社会的连接点,哪怕只是和成年人有些除了孩子之外的对话内容。

从 2003 年初我辞职离开曼哈顿，跟随丈夫搬到西雅图，到 2011 年从美国搬到日本准备出去工作，这八年的空白是致命的。日本是另一个异国他乡，另外，我还有一个苛刻的条件——不能出差，下午 5 点之前要赶回家买菜做饭照顾孩子。孩子爸爸成年累月地加班出差，周围也没有谁可以帮忙。我试着请阿姨来家里几个小时，做好晚饭等孩子放学、等我下班回家。家对面一位老奶奶表示很愿意，但妹妹坚决反对。当时她只有 5 岁，以她最强硬的方式表达了她对我多年忽视她的不满。

没有哪家公司能接受我这种不能出差、不能加班，甚至还要早退的条件，更何况我有八年的职业空白期，我甚至都没有信心去投简历找工作。是以前在日本读研究生时的一位同学知道我回日本了，并准备出去工作，推荐我去了她所在的一家做国际援助的机构，负责企划一些国际交流活动。

我需要一份工作，需要除了家庭之外另一个每天可以去的场所，需要除了孩子之外的其他的话题和专注的事情。我需要从捆绑状态中剥离出来。我不只是一个母亲，更是一个普通的成年人，需要一份独立的生活。

12 该对孩子有什么样的期待

——信任是我能给孩子的最好的礼物

2014年,我们在日本生活了三年后,因为丈夫工作的原因我们再次搬家到美国,这次是堪萨斯。当时东东11岁,妹妹8岁。

对孩子们来说,最直接的冲击是再次转学,再次换语种。对我来说,最直接的变化是我又失去了工作,而且回到了每天开车接送孩子上下学、去兴趣班、去参加各种活动的"司机"状态。在日本全部交给补习班老师的课业任务,又回到了我的肩上。

东东回美国的第一个学校是家附近的公立学校。因为美国是9月份开学,所以,东东读完日本小学的4年级后,直接进入了美国小学的6年级,也就意味着他直接进入了当地的中学(当地的公立小学从学前班到5年级,初中是6—8年级,高中是9—12年级)。我主动找到班主任,反映东东会有听不懂跟不上的情况,如果有什么作业东东无法独立完成,请老师留言给我,我在家辅导他。记得当时学校的各门课都不需要学生买教科书，老师会随堂选择一些知识点，使用一些复印的材料。东东回家很少主动说学校的事情，除了英语阅读课会指定书目，分阶段写读后感之类的文章外，我基本不了解东东在学校学了什么，有什么需要在家辅导的。所以，在家我只负责督促他同时学习日本的教材，以防将来要回日本考大学。

一个学年下来，东东的各门成绩都是 A。我没有联系学校询问考核的标准，在征得东东的同意后，我们直接把他转到了当地的一所私立学校。以东东当时的英语理解能力，他不可能听得懂全部的课程内容，最多只是做到了按时出席、按时交作业而已。

这所私立学校是个有 100 多年传统的老校，可以从学前班一直读到 12 年级。和日本的小学相比，除了午餐不够有营养、不够丰富之外，这里一切的硬件软件条件都无可挑剔。但这所学校离家很远，也不提供校车服务，我们于是把妹妹也转学过来，每天开车一起接送。

东东在这里读了两年——7 年级和 8 年级。在这里的问题是，课程内容太广也太深，东东跟不上。不是一两门跟不上，而是除了数学，几乎所有的课程他都需要补习。我每天的任务之一就是晚饭后陪他写作业，一边查字典自学，一边辅导他的全科课程。也就是在这两年，我了解到，这所学校在孩子十三四岁的时候，已经开始给孩子教授人体生理知识，包括遗传学知识，告诉孩子们某些遗传变异会导致先天疾病，比如唐氏综合征。东东当时的历史课本里不仅介绍了美国独立战争的过程，更详细地介绍了美国政治体制的诞生、民主选举制度的运营。英语阅读课讲的是莎士比亚的戏剧和现代作家的诗歌等。自然科学课本里详细介绍了各个重要的地质年代、有代表性的动植物、板块学说、宇宙空间等。我听过老师的公开课，也感慨于老师对于前沿知识的掌握和对培养孩子思维能力的重视程度。但这些动听的通识素质教育，对于东东来说太难了，以他的阅读速度根本完不成每天的作业。这所学校没有大量的标准化的答题作业，但大量的阅读和写作远远超过了东东的能力范围。倒是我为了帮他完成阅读笔记，跟着读了很多莎士比亚戏剧和自然科学类教材。

每天陪写作业，经常会以吵架结束。孩子很辛苦，但还是完不成。我每天累得不行，看他慢慢吞吞，怎么都记不住，我的声调也越来越高。有时候他突然甩一个靠垫过来，我转手也砸一个过去，"靠垫大战"成为我们时常上演的剧目。

直到有一天，东东气急败坏地冲出了家门。当时已经是夜里11点了。我忍着不追，等他自己回来。他方向感很好，我知道天黑他也不会迷路。20分钟过去了，他没有回来，我急着冲进车库开车去找他。我们当时住在一个面积很大的小区，中心是一个湖，周围有很多住宅。我开车绕湖转了一圈也没找到他。他平时出门都靠我开车，我也想象不出他步行能走到哪儿。当时孩子爸爸出差不在家，我忍着眼泪往家开，准备到家再报警。可能是因为心慌意乱，我在接近家门之前忘了按车上的遥控按钮打开车库门。等我驾车左拐从车道进入车库门前的路时，突然车库灯的感知器启动，车库灯自动打开——东东正坐在车库门口。

慌乱中我踩下刹车，惊吓得趴在了方向盘上。车的左前轮差点压到东东……

那天以后，我觉得我真的不能再管他的功课了。

东东一天天长大。我开始担心他这样被夹在日本和美国的教育体系之间，将来怎么办？也是从那时起，我开始思考到底我对东东有哪些期待，这些期待是不是东东自己想要的。

东东小时候不会说话，我觉得他能说话了就已经很好了。但做父母的总是很贪心，身体健康了，就开始要求学习好、运动好、会乐器……东东转学到堪萨斯的中学不是他自己的选择，一年后被我安排转学到私立学校，也不是他主动提出来的。这所学校如此繁重的课业超过了他的承受能力，而我还安排他每周游两次泳，上一次绘画班，加入学校的长跑队，周末去日语补习班学习。他几乎没有一天是完全放松的，我也如此。

那时，我常常会想起东东小时候的事情。真的，他能健康已经很好了，我要求得太多了。

我慢慢跟他谈，如果作业太多做不完，那就按时睡觉，明天告诉老师没做完，请老师宽限一天时间交，但游泳要坚持，他小时候是靠游泳来解决便秘的。除此之外，没有其他的要求。

2017年夏天，我们在综合考虑两个孩子适应美国、日本两国教育体系的能力之后，决定搬家回日本。这个建议是妹妹最先提出来的。

那年春天的一个周末，我们在后院的平台上烧烤，妹妹突然说："咱们回日本吧。"东东没有特别的意见，或者说他一如既往地不太会主动沟通。（后来我问过妹妹当时为什么突然提起这件事，她说记不太清了，只记得那时妈妈和哥哥经常吵架，她觉得我们应该离开那儿。）

这次回日本，东东读初中二年级，妹妹面临小学毕业考初中。从那时起，我把两个孩子当大人看，我征求他们的意见：要不要上补习班、上什么补习班、上多少节课？如果他们从心里不接受，他们会坚持不下去的。东东自己决定不练游泳、不参加学校的任何课外活动、不去上钢琴课和美术课了，全身心上补习班，准备在日本考高中。

我相信孩子们。我的要求很低（但也很高）——人品好，身心健康，如果有余力，做个对他人有帮助的人。学习的事情，我们只负责找补习班和付学费，其余基本不过问。

2019年春天，东东如愿升入一所私立大学的附属高中。

2022年春天，东东顺利考入大学。

13 什么是孤独症谱系障碍？
——必要的医学知识能帮助人消除恐惧

我们最终没有带东东去做孤独症谱系障碍的医学诊断。

当孩子准备升学前班的时候，特殊教育教师建议我们带孩子去见脑神经科专家做医学诊断，我接受不了，害怕孩子被医生诊断为孤独症。如果确诊，我肯定无法接受这位医生的诊断，还会带孩子去找下一位医生、下一家医院。在异国他乡，丈夫常年加班、出差，我自己带着两个孩子维持日常生活，已经让我的身体和精神状态接近了极限，无法冷静下来分析接受诊断可能会给孩子带来的好处，以及不接受诊断可能引起的后果。我当时的念头可以说是盲目的，是一个母亲的本能与冲动——就算有一天东东被诊断为孤独症，我也不想现在就知道。如果学区不让孩子上普通班，那我们就离开公立教育系统，找私立学校。如果没有私立学校愿意接受东东，那就不让孩子上学了，我在家自己教他。

现在回想起来，我的做法是盲目的、不可取的。如果我有一点哪怕是浅显的有关孤独症的知识，我都应该听取特殊教育教师的建议带东东去见专家。当时我是需要医生的专业意见的，医生会介绍给我一些帮助孤独症孩子的社会组织和家长自助群体。就算孩子被诊断为孤独症，也可以选择不接受学区提供的特殊教育，我们不会被学区的安排所左右。但由于我的无知和情绪失控，我们没有和学区对等地协商，而是选择了完全脱离教育支持体系。之后，我们幸运地找到了一所只有10个孩子的小班上学前班，又在这所学校的介绍下，找到了一家本地的私立男校上一年级，同样也是小班，这样老师有足够的精力照顾东东。东东是幸运的，但我们全家当年是焦虑不安的。

到底什么是孤独症？如果当年带孩子去做诊断，东东会不会被确诊为孤独症？这个疑问并没有随着东东的长大而找到答案，不愿回首的往事也从未消失。这些问题最终促使我进入医学院学习。

东东在婴幼儿时期有以下行为特征。

【0—1岁】

1. 除了母乳之外不喝任何奶粉。

2. 不喜欢被人抱。抱起来后有时会反身向后，有从大人手臂中挣脱摔落的危险。

3. 不会叫爸爸妈妈，也不用手指指东西。

4. 基本没有目光对视。

5. 对水温反应迟钝。有时洗澡水太烫也没有不适反应。

6. 喜欢重复看同一部录像节目，如 Baby Einstein 系列。

【1—2岁】

1. 基本不会说话也不叫爸爸妈妈。有需要时用身体语言表示。（比如把妈妈的鞋子和自己的鞋子放到门口，再拉妈妈到门口表示想出门玩。）

2. 不和别的小朋友玩。在公园碰到别的小朋友或者妈妈们安排小朋友们一起玩，也自己玩自己的，和其他小朋友基本没有目光交流，也没有语言交流。

3. 重复玩乐高、托马斯火车、拼图和折纸等游戏。可以长时间一个人玩。

4. 喜欢有规律的生活。如有改变，难以适应，甚至会爆发性地哭闹。

5. 无论是在室内还是在室外，走路不是一步一步地走，基本处于小跑的状态。

依据美国精神学会编著的《精神障碍诊断与统计手册》（第五版）[1]，孤独症谱系障碍的诊断标准如下（基于社交的损害和受限的、重复的行为模式标注严重程度）：

A. 在多种场合下，社交交流和社交互动方面存在持续性的缺陷（示范性举例略）。

B. 受限的、重复的行为模式、兴趣或活动（示范性举例略）。

---

[1] 《精神障碍诊断与统计手册》（第五版），美国精神医学学会编著，张道龙等译。北京大学出版社，2015年7月，第46-55页。

C. 症状必须存在于发育早期（但直到社交需求超过有限的能力时，缺陷可能才会完全表现出来，或可能被后天学会的策略所掩盖）。

D. 这些症状导致社交、职业或目前其他重要功能方面的有临床意义的损害。

E. 这些症状不能用智力障碍（智力发育障碍）或全面发育迟缓来更好地解释。智力障碍和孤独症谱系障碍经常共同出现，做出孤独症谱系障碍和智力障碍的合并诊断时，其社交交流应低于预期的总体发育水平。

根据以上诊断标准，东东在3岁生日前后就有可能被诊断为孤独症。这也是为什么儿科医生在3岁定期体检时提出要为东东做评估、学区评估后判断为有"孤独症的可能性"并安排特殊教育教师支持的原因。一直到5岁升学前班前，他的情况时好时坏，总体没有太大的改善，但我们一直没有带他去确诊。

后来，我在纽约接触过一位已经上中学的女孩子的妈妈。她对学区非常不满，原因是她的女儿最近才被诊断为孤独症。她觉得学区的老师有义务在小学阶段就指出孩子在集体生活、社交能力等方面的问题，而不是等到出了问题才确认。（注：这位女孩没有语言能力的问题，学习成绩也很好。据她妈妈说，孩子的问题表现在缺乏社交沟通能力上。）她认为如果早诊断，作为家长会在脑神经发育的早期阶段采取必要的干预措施，以帮助孩子。相反，在后来阅读各种有关孤独症的出版物时，我发现有一些妈妈像我当年一样坚持不带孩子去确诊，让孩子上普通（非特殊教育）学校。

每个孩子的情况不同，需不需要带孩子尽快确诊、确诊之后应该怎么办，没有一个让所有人信服的答案。但我发现在孤独症诊断和疗育上，目前有两个问题值得关注。

1. 孤独症的成因普遍认为是先天和后天环境复合形成的，但成因还未完全解析清楚。临床诊断是采用对孩子的观察（包括简单的问答、玩游戏时的行为特征等）、家长口述以及给评估项目打分的形式完成的。目前没有直观的血液检查、遗传基因检测，或影像检查等作为临床诊断的标准。

2. 从幼儿期的诊断到成年后的长期临床跟踪，这样的病例十分少见。一定时期的干预训练长期来看是否有效、如何有效等临床数据不足。由于更换主治医生，或中断治疗，或家长、本人有回避倾向等原因，造成长期的临床跟踪难以进行。什么是有效的临床治疗很难界定。（以东东为例。自从我们在孩子5岁时离开公立学校系统之后，就没有再和学区联系过。学区并不知道后来孩子是如何长大的，不知道当年的干预措施长期来看是否有效、哪些有效。）

当年我没有勇气带东东去做孤独症的诊断。如果确诊，我可能仍然会有很大的情绪波动，甚至失控的情况，但如果当年的我对孤独症有足够的了解，估计我不会恐惧，也不会回避。能做到的我仍然不会放弃，做不到的我会接受现实。

岁月无法回头。现在的我无法替当年的我做出决定。

必要的医学知识能帮助人消除恐惧。如果当年的我能有一些哪怕是浅显的有关孤独症的知识，能有一个5年、10年的长期规划，就不会被每天发生在眼前的事情左右自己的情绪。对孩子的期望会更现实一些，会更有耐心一些，情绪失控的次数一定会少一些，孩子的童年也会更平静和快乐。

14 社会的包容性与多样性
——我们每个人身上都体现了生物的多样性，也都有可能成为社会的弱者

几年来，大量阅读医学文献给了我一个生物的视角。自然界的生物因为不断地基因混合和变异而形成了丰富的多样性，而基因的不断延续和变异也会产生一些偏离常态的现象。孤独症的成因在医学上还没有明确的解释，其中包含遗传因素，由于孩子处在快速发育阶段，出生之后也会受环境的影响。很多年轻妈妈对自己孩子孤独症诊断的第一个反应是不敢相信，估计紧接着的困扰便是深深的自责。看不到未来，不知道明天会怎样，自责这一切都是自己造成的。妹妹和东东的性格基本是相反的，妹妹爱说爱笑，表情丰富。看着两个孩子在同一个家庭出生、长大，拥有不同的性格，我逐渐摆脱了东东的孤独症是我教育不好的自责。两个孩子都是我和孩子父亲的基因的延续，同时也都是我们的变异。他们有些方面像我们，有些方面却和我们完全不同，他们都是独立的个体，没有对错，只

是不同，这是自然法则。

除了孤独症孩子，在东东小时候上的一个音乐班上，我还遇到过一位唐氏综合征女孩，她当时应该只有5岁，有典型的唐氏儿的面部特征，五官不太平衡，表情变化看上去不自然。她虽然说话口齿不太清楚，却总喜欢讲笑话，用夸张的身体动作逗周围的孩子。我和这个孩子接触不多，但孩子妈妈Y的美丽、从容和自信给当时的我带来很大的震动，那是一种经历过艰难心路历程之后的生命之美。

后来，在堪萨斯周末的日语补习学校，我们碰到过一个先天智障的孩子。这个男孩当时有8岁左右，还没有5岁的妹妹高，只能进行简单的交谈，很安静，动作很慢。我和孩子的妈妈M后来成了很好的朋友，常常约在一起聊天。我坦率地问她："第一个孩子有先天性疾病，不害怕第二个、第三个也有先天性的问题吗？"她说："我和儿子的主治医生讨论过这个问题，知道第二胎出现同样问题的概率并不高。我和孩子的爸爸都喜欢孩子，我们接受儿子的智障，愿意承担风险。"

在堪萨斯时，我还认识了一位美国朋友K，她有两个女儿，又先后收养了一个中国女婴和一个在福利院生活了13年的中国男孩。这个男孩先天性失明，他在福利院最好的朋友（有先天性足部疾病）被一个美国家庭领养，来美国后，那个男孩见人就问能不能把他"哥哥"也接过来。朋友K被孩子真诚的友情感动，和丈夫去中国的福利院办理了这个男孩的领养手续。我问她："这个孩子看不见，你准备怎么带？"她笑着说："想不了那么多了。这个孩子已经13岁了，如果不马上行动就过了领养年龄了。总会有办法的。"

这几个家庭，也和东东小时候我家一样，日常生活是以这个最需要帮助的孩子为中心的，但他们又不是家庭的全部。那个唐氏儿有一个姐姐，懂事、优秀到让人心疼。那个先天智障的男孩有两个妹妹，聪明伶俐，没有五六岁孩子的任性娇气。那个盲童家里有两个姐姐，为了弟弟的到来，姐妹俩搬到一起，让出一间房给弟弟。

我常常在想，什么是疾病，到底该怎么定义疾病？这个看似简单的问题，其实并不简单。外侵性的疾病比较直观，是由外部的病毒或细菌侵入人体造成的（如疟疾、肺结核等），但内源性疾病的成因通常都十分复杂，有遗传性因素，更多的是在人体发育、生长、衰老的过程中，由于细胞分裂产生的变异（如癌症）和长期的生活习惯导致的体内动态平衡失调而造成的生活习惯病（如Ⅱ型糖尿病），以及老化的过程中出现的退行性疾病（如阿尔茨海默病等），也有因为压力、焦虑等困扰而带来的身体变化的身心性疾病（如抑郁症、强迫症等）。孤独症的成因比较复杂，到目前为止，医学上没有明确的解释。如果是儿童和青少年的疾病，则更需要动态地从发育和发展的角度来看待。

临床上需要确定一些数据指标和使用量表来进行诊断和治疗。值得关注的是个体的差异——每个人的身体作为生命体是一个不断进行新陈代谢的动态平衡，每个人的体内环境是有差异的。在理解和尊重现代医学和医疗的同时，也需要看到它的局限性，尤其是在对内源性疾病的诊断和治疗上。总会有人偏离统计上的所谓正常。每个人也都不可避免地会走向衰老。在这个动态的生命过程中，我们每个人都会生病，也在学习和自己的以及他人的疾病共生。

孩子被确诊为孤独症或许会被学校、社会排斥，这是任何一个家庭都不愿看到的，这些对任何一个家庭来说都是不可承受的重负。就算是父母双方都不逃避，都尽全力承担抚养孩子的责任，面对的精神和经济上的压力也会超出单个家庭所能承受的范围。

东东一路走来，得到了很多社会组织和热心人士的帮助。负责任的儿科体检医生力劝我们申请早期干预训练；学区主管特殊教育的老师认真地落实了干预训练服务；专业的特殊教育教师细致耐心地指导他，也指导我作为家长如何在家帮助他；纽约的小学老师相信孩子成长的力量，愿意接受一个语言滞后、有问题行为的孩子；热情善良的邻居和朋友在我最需要帮助的时候，帮我照看孩子，给我哪怕是几个小时的宝贵的休息时间。是许多政府组织、学校和周围善良的人们给了我们实实在在的帮助。

孤独症孩子不是天上的星星，他们真实地生活在我们身边。如果学校不拒绝他们，公共场所不排斥他们，家长的工作单位能提供适当的照顾，让家长有时间陪伴孩子，社会能多提供一些专门的疗育设施和面向家长的咨询机构，这些孩子也会有属于自己的成长机会。和这些孩子一起长大的兄弟姐妹、邻居家的孩子们、学校的同学们也会在和孤独症儿童共同学习、生活的过程中培养爱心，更懂得珍惜他人以及自己的生命和健康。

15 14只灰色折纸象
——记忆里的折纸象，送给更多的孩子和家长

"怎么孤独症孩子突然这么多了？以前都没听说过啊。"

"我中学同学的孩子就是孤独症。孩子成天在家，我同学和她父母看着。她老公跟她离婚了。她又上班又带孩子，累得不行，挺惨的。"

孩子慢慢长大后，我开始有了一些和以前的同学、朋友见面的机会。当我和他们谈起儿子小时候有孤独症的经历时，他们的反应基本上都是惊讶加同情。这也是我鼓起勇气把过去的经历整理出版的动力——希望有更多的人了解到有这样一群孩子的存在。

尽管东东5岁以后我们停止了学区提供的免费特殊教育干预训练，但在近两年的时间里，我们和特殊教育教师的交换日记，仍成为一份珍贵的回忆和有价值的资料。如果能让更多有相似处境的家长感到有些许的帮助，于我也是最大的幸事。

东东小时候痴迷过的托马斯火车、乐高模型、拼图、迷宫、折纸，他现在已经很少碰了。我们甚至没有注意保留他当年的作品。但那个执迷地站在街口看红绿灯、一口气折14个灰色折纸象的无声的小小少年，却永远地留在了我的记忆里。

第二部分

干预

早期融合教育干预训练

（节选自与特殊教育教师的交换日记）

时间、地点以及主要人物简介

2006年10月—2008年6月

【时间段】（东东3岁—4岁）

第一阶段：2006年10月

东东（Joey）同时上日语和英语幼儿园，每周各几个半天。虽然当时东东两种语言都无法说出完整的句子，但特殊教育教师认为他的日语要稍微好些，建议集中上日语幼儿园。

第二阶段：2006年11月—2007年8月

东东上日语幼儿园，并在那里接受特殊教育教师和言语训练师的干预训练服务，每周各几个小时。

第三阶段：2007年9月—2008年6月

东东开始上英语幼儿园。特殊教育教师和言语训练师继续去幼儿园提供干预训练服务，OT训练师每周来家里1—2次。

【主要人物】

家庭成员

儿子：东东 Joey（出生于2003年5月）

妹妹：阿雅 Aya（出生于2005年8月）

爸爸

妈妈

学区负责特殊教育的老师

JG 老师

S 老师

训练师

特殊教育教师（Special Education Teacher）：Hitomi 老师

（分别在日语和英语幼儿园提供干预训练服务）

言语训练师（Speech Therapist）：Yumi 老师

（分别在日语和英语幼儿园提供干预训练服务）

OT 训练师（Occupational Therapist）：Juanita 老师

（东东 4 岁时来家里训练他的精细动作能力等）

日语幼儿园老师

山本老师

康子老师

由美子老师

英语幼儿园老师

M 老师

J 老师

第一阶段

时间：2006 年 10 月
地点：英语幼儿园、日语幼儿园

▶ **2006 年 10 月 11 日（星期三）**

特殊教育教师（英语幼儿园）：

谢谢你的留言。很期待这个星期五在日语幼儿园见到 Joey（东东）。尽管我鼓励他在英语幼儿园说英语，并且他也开始说得越来越多，但是他还是不由自主地说日语。让他连续性地听一种语言可能会帮助他改善在幼儿园里的行为举止。今天 Joey 按照我的要求说了"请"这个单词。他看起来很喜欢整理东西这个环节。老师一叫大家去整理东西，他就一边念叨着一边开始整理了。

妈妈：

很高兴 Joey 在英语幼儿园开始开口说更多的话了。非常感谢您的帮助。校长说，您走了以后 Joey 变得有点不安。一方面我很高兴地看到 Joey 和您正在逐步建立良好的关系，另一方面也担心 Joey 开始依赖您，希望有更多的时间和您在一起。校长建议我们从学区那里再多申请一个小时的训练服务时间，或者把您的时间调整到下午时间的后半段：1:45—2:45，不知道您有什么想法？

> 行为分析师评注

在国内，一般全职的特殊教育教师入校融合是有一定条件的，特殊教育教师首先会去学校评估儿童的融合率（包含社交、集体技能以及问题行为）。儿童在开学之初进入新环境之后，特殊教育教师会连续三周，每周在同一时间评估儿童全天或者半天的融合率。

1. 如果三周的融合率都低于50%，且没有太大改观和变化，那么可能要考虑引入特殊教育教师的全天帮助。

2. 如果三周的融合率都在70%~80%，呈现平稳或者上升的趋势，那么可以继续观察，不必立即引入特殊教育教师的帮助。

3. 如果儿童第一次融合率较低，但是数据呈提高趋势，且达到了80%左右，那就证明儿童本身的适应能力和自我调整能力很强，可以暂时不必引入特殊教育教师的帮助，与幼儿园老师沟通继续对儿童的表现持续观察即可。

▶ 2006年10月13日（星期五）

特殊教育教师（日语幼儿园）：

很高兴在日语幼儿园见到Joey。我观察了他的日语理解和表达能力。Joey很愿意参加小组活动，在活动中也表现得很好。他比在英语幼儿园看上去愿意向别人表达自己的想法。我鼓励Joey在和我说话时看着我的眼睛。他一直面带微笑，并尝试着努力做到这一点。

很高兴 Joey 这么快就能习惯和我在一起。每次我去英语幼儿园时 Joey 总是主动走过来，我也很高兴见到他。

> 行为分析师评注
>
> 特殊教育教师入校干预的第一步是跟孤独症谱系障碍儿童（简称谱系儿童）建立关系。良好的关系是干预的前提。

在我对训练服务时间和方式提出建议之前，我希望可以在日语幼儿园里多花一点时间和他在一起。

你有没有收到学区办公室关于 OT 评估的通知？我觉得这个 OT 评估对 Joey 会有帮助。

▶ **2006 年 10 月 16 日（星期一）**

妈妈：

Joey 上星期六参加了 OT 评估。除了"运用手指"这项外，他在其他方面的表现都不错。评估师说，Joey 不是用手指，而是用手臂在运笔。此外，她还注意到 Joey 的手没有力量，可能骨骼或者肌肉发育不太健全。因此她建议采用一项 OT 训练项目，以帮助 Joey 提高握笔、用手指控制笔的能力。我期待着她的正式报告，并希望在下一次会议中正式向学区办公室申请这项训练服务。

· 75 ·

> **行为分析师评注**
>
> 这里提到的"儿童运用手指的能力的评估",国内称为"精细动作评估"。精细动作发展很重要,能够为以后写字打基础。儿童在幼儿园虽然不要求写字,但是会影响其参与需要精细动作的活动,比如幼儿园经常有的手工课、画画课和搭建任务等。

不知道您是否也有同样的担心,或者观察到一些我和 OT 评估师没有注意到的现象?感谢您给出的建议。如果您能在下次会议前(时间暂未确定)告诉我您的看法,我可以和学区负责特殊教育的 JG 老师一起讨论这些问题。谢谢您!

特殊教育教师(日语幼儿园):

Joey 今天表现得不错。他用了一些单词,口头(而不是用肢体语言)表达出自己的意愿。在日语幼儿园里 Joey 能表达出自己的想法,所以我帮助他把单词连成句子和其他小朋友进行交流。康子老师告诉我,当我来幼儿园和 Joey 在一起时,他很少表现出干扰别人的行为,比如走来走去、蹦蹦跳跳和尖叫。

我之所以觉得 OT 评估对 Joey 有帮助,是因为 Joey 总是在跑,他很少能安静地走。同时我发现很难让他坐在地板上。他会不停地蹦,上课前也不喜欢洗手。这些行为可能和他的感觉反应障碍有关。两边幼儿园的老师都反映了同样的情况。我并不确定除了感觉方面的原因之外,是否还有其他原因。通过 OT 评估,也许可以确定 Joey 是否有感觉系统发育方面的问题。如果评估结果判定 Joey 没有这些方面的问题，那很好，我们就不必为此担心了。

我告诉幼儿园的老师，我鼓励Joey用更多的词汇来表达他的愿望。即使我们知道他想要什么东西的时候，也应该先让他用语言说出"请给我××"，而不是直接把东西给他。我们可以把东西放在双眼之间，这样Joey就会一边看着我们的眼睛，一边用语言来和我们进行交流。

> **行为分析师评注**
>
> 在融合教育中，特殊教育教师最重要的作用是在实际社交场景中帮助儿童及时使用语言，发展沟通能力。特殊教育教师一般先从帮助儿童用语言提要求和回应要求开始。如利用儿童本身的沟通意愿，通过仿说或者视觉提示辅助儿童用语言提要求或者回应要求、发起互动等。提要求训练在特定环境中最容易帮助儿童提高语言沟通能力。

看得出他在日语幼儿园里可以理解别人告诉他的事情。他能说出一些物品的名字，在日语幼儿园我真的可以帮助他用更多的词汇来提高语言交流能力。

▶ 2006年10月17日（星期二）

妈妈：

OT评估师没提到Joey有跑、跳的行为。我想这是因为评估是在家里做的。通常Joey在家里都显得比较安静。不过我确实从两边幼儿园老师那里都听到了和您说的一样的情况——Joey在圆圈（围圈）

时间（Circle Time[1]）总是坐不住。如果您对这个问题有任何建议，请您告诉我，也请与幼儿园老师分享一下您的看法。

顺便问一下，您认为 Joey 这些跑步和蹦跳的行为，会随着他语言理解和沟通能力的提高而改善吗？现在我们一起在街上走路时（是走，而不是跑）他的表现已经好多了，但还是需要我时时提醒他，有时要一边走路一边唱歌，或者数"1、2，1、2……"来帮助他控制节奏。

谢谢您的建议，以后我会把东西放在双眼之间，这样 Joey 在向我要东西的时候，就可以看着我的眼睛了。

> **行为分析师评注**
>
> 特殊教育教师和家长、幼儿园老师之间的沟通非常重要。在沟通中，老师对训练的情况进行说明，同时家长对老师的建议给予反馈。东东妈妈每次的反馈回复都充满了感恩和感谢，老师也会怀着愉快的心情尽最大努力帮助孩子！这种沟通方式非常值得国内特殊教育教师借鉴。另外，在生活中与特殊教育教师采取相同的、有效的方式帮助儿童提高某项能力，并注意以适当的方式逐步减少或取消辅助，使儿童能独立地掌握相应的能力，也是值得家长重视的。

---

1 Circle Time 一般指孩子们围坐成一圈听老师讲故事或者讲解、演示，以讲故事的时间居多。

目前，他正在学习下面几个日语单词，但发音还不清楚。能不能请您多鼓励他在幼儿园里也多说这些单词（右侧为 Joey 的发音）。

あけて Akete　　　　　　　　（あねけ）Anete

がんばって Ganbatte　　　　　（がんまって）Ganmatte

がまん Gaman　　　　　　　（かまん）Kaman

やめて Yamete　　　　　　　（あめて）Amete

だめ Dame　　　　　　　　　（あめ）Ame

特殊教育教师（英语幼儿园）：
下星期二我的领导要来幼儿园看 Joey，我已经通知了校长。

> 行为分析师评注
>
> 入校特殊教育教师需要在督导老师的定期督导下工作，这样特殊教育教师的服务更有保证。

我今天给 Joey 带了一个加高坐垫。我发现每次上晨课时，Joey 总是很难安静地坐在地板上。今天我让他坐在这个坐垫上。开始时他还算喜欢，但是很快就坐不住了。老师说，不只是晨课，Joey 今天基本无法安静地坐下来。

我说过"Joey 在日语幼儿园的表现还不错"，对此你有什么看法？日语老师告诉我，我在幼儿园的时候，Joey 会表现得更好。也许我没有看到过他表现不佳的样子，你觉得会不会有其他的原因？

如果是因为日语环境帮助 Joey 改善了行为表现，我觉得我应该用日语同他说话。但是如果我在英语幼儿园和他说日语，那么我们把 Joey 送到两所不同语言环境的幼儿园又有什么意义呢？

在这个问题上，我觉得让 Joey 同时上两种语言的幼儿园会让他感到困惑，尽管我挺喜欢这所英语幼儿园。你的看法如何？

> **行为分析师评注**
>
> 特殊教育教师在幼儿园中发现了更有助于儿童成长的环境，并有针对性地向家长提出建议，这点非常重要。

▶ 2006 年 10 月 18 日（星期三）

妈妈：

我知道您迟早会问这个问题——在 Joey 语言能力、社交能力方面发育迟缓的情况下，为什么我们还要把他送到两所不同语言环境的幼儿园？我们主要是从以下四个方面考虑的。

1. 希望 Joey 与小朋友们多一些互动，并从中获得触动和启发。这所英语幼儿园允许 3 岁和 4 岁的孩子在一起玩。尽管 Joey（3 岁班）不会主动向其他小朋友学习，但是当他们有很多时间在一起的时候，我相信他可以从其他小朋友身上获得很多积极的影响。

2. 希望他在硬件设施较好的环境下快乐成长，并能多接触一些新鲜事物。这所英语幼儿园里有很多好的玩具、有趣的课程，还有一个设施很好的儿童乐园，Joey可以受益很多。他现在玩的东西，已经不只是他幼年时常玩的火车、积木和拼图了。

3. 希望Joey能学会怎样去适应一个有良好规范要求的环境。这所英语幼儿园有正规的教育理念和行为规范。尽管Joey现在还很难遵守这些规范，但是如果我们帮助他坚持不懈地学习和训练，我相信他一定会达到这些要求的。

4. 希望能让Joey更好地学习英语。对于我们家来说，让Joey学好英语很重要。今后也许我们会在美国生活很长时间，也有可能会搬到另一个使用英语的国家。如果将来我们搬回日本或中国生活，为了Joey能系统地接受良好的教育，考虑到他的适应能力，万一他插班跟不上日本或中国的本地学校，我们也希望能给他留一个上国际学校继续接受系统教育的机会。

我明白您的担心。同时去两个不同语言环境的幼儿园，并且两边的老师在规则方面的要求也会略有不同，Joey会有一些不适应。我和他父亲都认为，Joey现在的一些行为表现更多地与他的个性有关，而不是语言理解能力的问题。他总是倾向于去做他想做的事情，而无视周围人的要求和感受。当Joey在做他喜欢做的事情，某种程度上他能控制（时间、地点等）时，他会显得很平静、很快乐。否则，他就会变得很烦躁，甚至表现出身体上的反抗。

行为分析师评注

> 谱系儿童表现出与周围环境不符合的行为，有可能是由于某些方面的能力不足导致的。比如：不理解老师的指令或学习内容，儿童会"想方设法"

地逃离这个环境，从而产生问题行为。通过应用行为分析中的"功能行为评估"来识别儿童做出"问题行为"的动机和目的，对于帮助儿童减少不适当的行为，增加"好的"行为是非常必要的。

功能行为评估（FBA, Functional Behavior Assessment）是一种系统化地识别行为产生原因的评估。评估的结果用来引导介入策略的设计，以减少行为问题并增加适当的行为。功能行为评估方法分为三种类型。（1）功能（实验）分析；（2）描述型评量；（3）间接评量。每一种方法都需要严格的实验设计。功能行为评估可以确定环境和行为之间的因果关系。如果能确认因果关系，而此种关系可以被改变，自然就会减少问题行为的连续发生。功能行为评估介入包含至少三种策略取向：改变前事变项、改变结果变项和教导替代行为。而通常的问题行为按照正增强维持的问题行为和负增强维持的问题行为，一般分为以下四种：逃避、获得注意力、获得有形物和自动增强。

感兴趣的读者可以参阅有关应用行为分析的专业书籍。

让Joey重复做那些他应该做好的事情，对他是有帮助的。对Joey来说，让他"好好地坐着"是件困难的事情。但是我相信如果他明白不仅在幼儿园需要"好好地坐着"，在家里也要"好好地坐着"，他一定能学会坐好。现在在家吃饭时，我要求他"坐好"，在吃零食和看电视节目时,也要求他"坐好"。如果我们在家和在幼儿园都保持一致的严格要求,我相信他能表现得更好。

关于您用什么语言和 Joey 交流,我们相信您的判断。如果您征求我的意见,我觉得您先用日语和他说一遍,然后翻译成英语再和他讲一遍可能更有帮助。您是专家,我从心里尊重您的工作方式和做出的判断。

只要英语幼儿园的老师仍然欢迎 Joey,并且他自己也愿意去上课,我们想让他继续留在英语幼儿园。把他去幼儿园的时间从现在的两个下午增加到三个下午,不知道是否对 Joey 适应幼儿园更有帮助。我会征求一下校长以及学区特殊教育教师的意见,我也想知道您的看法。

非常感谢!

特殊教育教师(英语幼儿园):

谢谢你分享自己的想法。

今天我和 Joey 没有和其他小朋友一起去看小动物,我们一起玩了数字卡片。正如你之前说过的,Joey 的行为是他性格的一部分。当 Joey 有更多自由的时候,他一般都显得比较平静和安心。每个孩子能够遵守规范的程度不同。然而不管怎样,小朋友都要保证自己在公共场合,尤其是在学校里的行为要得体,长大后他们的行为要能够被社会接受。如果 Joey 现在在幼儿园的行为举止达不到可以被他人接受的水平,那么不仅在幼儿园的时候他自己会很难受,将来会很难适应社会。

> **行为分析师评注**
>
> 培养儿童具有良好的社会适应性行为，应是家长、特殊教育教师以及所有陪伴儿童成长的人最需要重视的事情。无论儿童是在家里还是在社会中，好的行为规范是孩子融入社会、与他人进行社交的关键因素。

就像你建议的那样，在幼儿园和在家里要保持同样的严格要求，这点对Joey非常重要，也很有帮助。看起来使用Joey习惯的语言，有助于他更好地把握自己所处的环境，并帮助他理解和遵从老师的要求。我之所以这么关注Joey对他周围环境的把握，是为了让Joey能够生活在比较一致的环境中，减少遇到的困惑，从而帮助他尽量减少干扰其他小朋友的举动，并增加学习和交流的时间。如果他经常做出干扰别人的举动会影响其他小朋友对Joey的态度。

妈妈：

我完全同意您的看法，用Joey更能理解的语言，可以帮助他把握周围的环境，并遵从老师的要求。希望他的行为会随着语言能力以及沟通能力的提高而不断得到改善。

今天早上我和Joey一起看《芝麻街》节目时，我们在一起坐了大约30分钟，他站起来3次。每次站起来，我都把他带回来重新坐好，继续看节目。我分别用日语、英语和Joey交谈。他喜欢看这个节目，自言自语说"玩"和"游戏"，还用英语数数，从1数到11（11是今天节目介绍的数字）。

放学后我们还一起去了超市购物。Joey 一直帮着我提购物篮子，结账时，他还帮忙把买的东西放到结账的传送带上。

▶ **2006 年 10 月 19 日（星期四）**

妈妈：

他看上去挺开心的，还不假思索地说了不少单词。正好和您说一下，我接到言语治疗师（Speech Therapist）打来的电话，她计划从下周开始，每周一和周四的 1:00—1:45 到日语幼儿园来训练指导 Joey。

特殊教育教师（日语幼儿园）：

我很高兴言语治疗师每周会定期来幼儿园指导 Joey。Joey 开始对其他小朋友感兴趣了。很高兴看到他开始说小朋友的名字。

我之前也提到过，有些词的发音对 Joey 来说很难。比如我先给 Joey 做示范，让他学着重复我的发音说"A–KE–TE"（日语：打开）这个词的时候，他说不好。但是，如果我指给他一个片假名（日语拼写符号，相当于字母），他能清楚地发音。练习了几次后，Joey 就能比较顺利地说出这个单词了。尽管 Joey 能发出每个片假名的音，但他还不够自然，有时也不愿意练习。

在家里如果你希望他去做一些他不愿意做的事情，你是如何处理的？在我给 Joey 用新的训练方法之前，我想知道你平时在家的应对方法，看是否也能用到幼儿园中。

> **行为分析师评注**
>
> 特殊教育教师在针对某项问题行为制订干预策略时,优先询问家长在家里处理此类行为的有效方法(也可访谈幼儿园老师,了解老师在处理此类行为时使用的方法),哪些是有效的,哪些是尝试过但效果不明显的,对家长和幼儿园老师的访谈将有助于新的干预策略的有效制订。
>
> 家庭和幼儿园在处理同一个行为上保持一致对于减少问题行为的发生非常重要。应避免出现"行为对比"(Behavioral Contrast),这里指同一行为在不同的环境或者面对不同的人所获得的反馈或奖惩机制的不同,而导致同一行为在不同环境或者面对不同的人的条件下产生的可能性的不同。

▶ 2006 年 10 月 20 日(星期五)

妈妈:

您提到了一个很好的问题:当 Joey 强烈抗拒去做一件他不愿意做的事情时,我是如何面对他的。我和 Joey 这种倔强的性格相处了 3 年,但没有找到好的方法。在家里,Joey 有很大的自由度,他可以自己决定玩什么、玩多久。

我也希望他有更多的兴趣,跟我一起学认字、写字或者画画。但如果我强迫他去做他不喜欢的事情,结果往往是非常不好的。我觉得 Joey 在学习、成长方面有他自己的节奏,我所能做的,就是耐心等待,等待他准备好去学习一项新的技能。也许我作为孩子的妈妈带有主观色彩,但我发现 Joey 在准备开始做某件事之前,他需要确认自己可以控制这件事情。如果他觉得自己无法控制，他宁愿暂时停下来等以后再来做。他会先静静地观察其他孩子如何做，直到他做好准备，才会再去尝试。

> **行为分析师评注**
>
> 发展儿童的娱乐或游戏技能，不仅能培养儿童完成某项任务所需的相关能力（比如，阅读、控笔能力），而且还能培养儿童其他技能的发展（比如，持续做某件事的专注力，通过写作、绘画的方式抒发情绪等）。
>
> 东东妈妈能够有耐心地给东东一些空间，让东东自己去调整自己的情绪，自己为接下来要做的事情做准备，再开始接下来的任务。从点滴做起，给了东东很多培养良好行为习惯和调控自己情绪应对挑战的机会，这是值得所有家长学习的。
>
> 儿童每一次的努力尝试，即便没有成功地达到家长或者老师认定的标准，他们的努力都是值得得到掌声和鼓励的。因为这会使他们下一次更加努力地尝试，最终一定会做到。
>
> 很多时候，家长和老师会非常"功利"，总是希望儿童立刻做出正确的反应，哪怕是心不在焉地做到也好。然而，什么才是应当发展，且对于发展其他技能有益的行为呢？肯定是儿童每一次的努力尝试。努力尝试比漫不经心的所谓正确的表现更值得得到夸奖和鼓励。

然而不管怎样，在家里还是有一些规矩是 Joey 必须遵守的。我举几个例子来解释一下在家里当他抗拒时我是如何处理的。

吃饭时不可以发出不正常的声响：如果他玩勺子或踢椅子发出噪音，我就会要求他离开桌子，不管他如何哭闹。现在沟通比以前好一些了，因为现在他可以说"对不起"和"保证"这样的话了。

要自己收拾东西：我发现和他一起收拾东西，当他表现好的时候适当表扬他很有用。如果 Joey 吃完饭不把盘子放回厨房，我会把他的盘子放到他手上，然后和他一起放回厨房。如果他主动收拾东西，我会表扬他。

不可以在马路上或商店里乱跑：让 Joey 在公共场所好好走路，一直是件很困难的事情。以前我会紧紧地拽着他的手强迫他好好走路，他会耍赖坐在地上不走。现在我让他帮着干活——在超市里帮着我提篮子，在街上走路时帮着推妹妹阿雅（Aya）的婴儿车，在图书馆负责打卡借书等等。目前看来让他干活是有效的。

> **行为分析师评注**
>
> 在生活中制订适合儿童的学习目标，多给他们机会与家长一起在不同场景中学习面对不同的人、做不同的事情，能够让他们更加独立，也会成为家长的好帮手，为家长分担家务，体验自己在家庭中的价值。同时，这些技能也会帮助儿童在社会场景中更加游刃有余，有助于其社会性的发展。家长如果能够耐心地带着孩子一起完成生活琐事，而不只是专注于某些"认知"的获得（生活中处处可以学习认知能力），他们或许可以表现得更好。

> 家长在日常生活中的引导和生活技能的传授非常重要，因为掌握必要的生活技能不仅能够提高儿童很多其他方面的能力（比如：做事的专注力、自信心的提高、面对困难找到解决方法并从容应对的能力），而且还能让儿童在家庭生活中变得更加独立。当家长培养儿童某项生活技能的时候，建议家长了解儿童当前的实际能力，并以此为基础水平，给予适当的辅助，表扬和鼓励孩子每一次的努力尝试（哪怕是没有独立完成）。保持耐心、多引导、多表扬，适时地撤出辅助，让儿童更快地独立。

上面这些例子可能无法回答您提出的问题。坦率地说，假如他不愿意和我一起练习发音，我真不知道该如何帮助他。碰到这种情况我会接受现实，承认他努力了，然后耐心地等待下一次教他练习的机会。如果您有什么更好的建议，请您告诉我。请您放心继续使用您觉得好的方法，我会一直支持您的！如果您觉得我应该读一些这方面的书籍和文章，也请您推荐给我。谢谢您！

▶ 2006年10月23日（星期一）

特殊教育教师（日语幼儿园）：

谢谢你分享这些有价值的信息，对我了解Joey很有帮助。

我觉得Joey最近控制自己"走"而不是"跑"的能力提高了一些。在幼儿园里，我会说"走，走"或一起数数"1、2，1、2，……"，我也会拍手让Joey听我的节奏。他开始明白并且表现得很配合。

给他一个小任务，让他在商店里或在街上有事情做是个不错的主意。未来几年中，他需要为上小学做好准备。Joey 必须学会听指挥守规矩，而不能像以前那样一味地坚持自己的想法了。

今天我先告诉他我们接下来要一起读绘本，让他收起玩具。一开始他拒绝了。我告诉他，我会数 10 个数，当我数到 10 的时候，他必须把玩具收拾好。他似乎明白了我的要求，当我数到 10 时，他按照我的要求做了。

他拿着自己的小椅子过来，走到平时老师给小朋友读书的那个房间，然后他看了绘本《好饿的毛毛虫》。Joey 对他熟悉的日常规矩很适应。

行为分析师评注

谱系儿童对抽象概念理解有困难。他们对具体的事物的理解能力好于抽象概念。比如对"过会儿""一会儿""稍等"等不知道具体是多长时间的概念较难理解。因为不理解，所以会产生与我们的预期不同的行为反应。

在干预训练中，老师需要用谱系儿童能理解的方式去指导他们，例如使用形象化的图片和具体的指令，会使他们更容易理解和执行。

通常来说，人们在对周围环境不熟悉的情况下，更容易产生焦虑情绪。你说"Joey 需要感觉他能控制一件事情"，我想这种情况可能更多的是发生在你向他提出了一个他不熟悉、不了解的新的要求的时候。让 Joey 更充分地了解周围的情况和对他的要求，可以帮助他减少扰乱幼儿园秩序的行为。今天我们练习说"打开"这个单词，我让他练习了很多遍。现在 Joey 说得慢一点时，能准确、清楚地说这个单词了。

> **行为分析师评注**
>
> 谱系儿童因为刻板、维持同一性的特点，对新的环境或者新的任务容易产生焦虑的情绪。特殊教育教师一般通过预警的方式让儿童提前了解未知环境或者新的任务。预警最好使用视觉化提示的方式，而不是单纯的说教。可以采用图文结合的方式，主要帮助儿童了解要到哪里、要做什么、哪些行为是恰当的、哪些行为是不恰当的，让儿童对要去的新环境或要完成的新任务事先有所了解。

妈妈：

您分享了一个很好的方法。今天下午我试着用同样的方法让他把玩具收起来，然后洗手吃午饭。他似乎明白了我的要求并且都按要求做了。我会在其他场合也继续用这个方法。

您说得对，Joey 在他熟悉的环境里会显得更轻松自在。我也发现，如果我带他到一个新环境或要求他做一个没做过的事情之前，让他有足够的心理准备，他会表现得更好。我在开车送他去幼儿园的路上，会向他解释今天幼儿园的安排，并和他练习早上如何向别人打招呼问好。对 Joey 来说，每天早上跟我和妹妹阿雅（Aya）说再见是件很重要的事情。每当我看到他一脸的开心，就知道他今天在幼儿园一切顺利。

言语治疗师今天下午来家里了，她显得很热情并充满了爱心，我想 Joey 已经和她建立了良好的关系，我也松了一口气。希望一切都会好起来。

▶ **2006 年 10 月 27 日（星期五）**

特殊教育教师（英语幼儿园）：

我完全理解这不是一件容易做出决定的事情[1]，但我的确看到 Joey 在日语环境里会表现得更好一些。对他来说，专注于一种语言并且通过这种语言和其他小朋友交流是件好事。

我鼓励 Joey 在和其他小朋友一起玩的时候试着说"不行"或者"等会儿"。我问他："我可以把这些玩具收起来吗？"他回答"不行"或"等会儿"。对于 Joey 来说，即便我们大人知道他有什么愿望或想法，也要给他机会让他用自己的语言表达出来，这点很重要。无论在幼儿园还是在家里，我们要多给 Joey 一些机会来练习使用这些短语。

▶ **2006 年 10 月 29 日（星期日）**

妈妈：

我们在家练习了您建议的这些短语。每次我问 Joey："我能把这

---

1 当时东东同时上日语幼儿园和英语幼儿园，每周各几个半天。特殊教育教师在观察东东在两所幼儿园的表现后，强烈建议我们让东东集中上日语幼儿园。他日语的理解能力略强于英语。我们决定听从特殊教育教师的建议，从英语幼儿园退学，11 月起一周 5 个上午去日语幼儿园。

些东西收起来吗？"他都能用语言回答我："不行。"看到他能这样自然而然地回答我，我感到很高兴。

最近我们有很多机会和其他美国孩子一起玩。我发现Joey很有兴趣和他们玩，但当其他小孩高声说"不"时，他看上去不知道该怎么反应，有一次还哭了。他需要我把他带回到小朋友中间。在我的帮助和翻译下，他对其他小朋友说，"我是Joey""让我们一起玩吧"，"轮到我了"。很高兴看到他和小朋友们一起玩"捉迷藏"和"你来抓我"等游戏。

非常感谢您上周五抽出时间来交换意见。我以前一直引导他去做我认为他擅长的事情，比如拼图、搭积木和数字游戏，现在回想起来，我没有给他很多时间去玩"过家家"、玩毛绒玩具等。我以前认为这些都不值得花时间。

行为分析师评注

学业技能（比如，阅读、书写、算术）不一定能让儿童进步得更快。相反，若儿童学会玩同龄孩子在玩的玩具或者游戏，他们才有可能有兴趣参与到同伴的游戏中，从而发展社交、语言沟通等更重要的能力。

家长不必太过自责。谱系儿童的核心特征之一就是重复行为。很多儿童对机械性的重复有特别的兴趣，如重复转车轮子、转圆形东西、重复排列搭高积木等。普通孩子也可能有这样的玩法，但绝大部分在1—2岁就自发地发展到假想游戏，之前机

> 械性的重复玩法就很少再玩了。谱系儿童很难自发发展出假想游戏能力，而假想游戏能力非常重要，它是儿童社会性发展的标志，是儿童表现出同理心、换位思考能力的开始。

很幸运能得到您和 Yumi 老师的指导，期待今后会更好。

▶ 2006 年 10 月 30 日（星期一）

特殊教育教师：

我现在开始教 Joey 说"好的"。当我问他"我可以这样做吗？"，一开始他总是条件反射似的回答"不行"，但其实他是希望我去做。我教他学着说"好的"。

今天我们没有足够的时间来练习。我们去了消防队参观。Joey 一路上牵着我的手走路。当他想撒开手跑时，我停下来告诉他：当他牵着我的手时我们只能"走"不能"跑"。他明白了我的意思，并听从了我的要求。

第二阶段

时间：2006 年 11 月—2007 年 8 月
地点：日语幼儿园

▶ **2006 年 11 月 3 日（星期五）**

特殊教育教师：

Joey 现在会自然地说"请给我（Cho-Dai）"了，他有一半时间可以发出很清晰的音。我现在开始要求他在提出要求时，要说"请给我（Cho-Dai）"，当需要加其他单词或句子稍微长一点时，他会说成"Cho-Chin"。

现在我让 Joey 去做一些他不愿意做的事情时，他比以前配合多了。他一开始会有点抗拒，但最后还是会按照我的要求去做。

▶ **2006 年 11 月 6 日（星期一）**

妈妈：

每次我征求 Joey 的意见，问他要不要做某件事情时，他总是会机械性地回答"不"。我想 Joey 还没有真正理解我在问什么。我会在家里给他更多一些机会来练习。

特殊教育教师：

如果你发现 Joey 词不达意地说"不"时，请你纠正他，教他说"好的"。即便 Joey 现在还没有完全理解这个词语，也没关系。重要

的是让他尽可能地跟人交流。<u>在他得到更多的练习后，他会明白这些词汇的意思的。</u>

他现在说"请把××给我"，说得很清楚。

行为分析师评注

当发现儿童在与他人提要求和对话时习惯性地用同一个词（比如，"不行"）作为回答，并且有时是不符合场景或者是不符合实际行为所表达的意愿时，家长或者老师应及时纠正，引导儿童用适当的话语表达其意愿，从而预防儿童由于词不达意让他人误解，也减少由此可能带来的问题行为。

谱系儿童在沟通中经常存在词不达意的现象，这个时候家长不能光听儿童说了什么，而是要尝试观察儿童的反应，推测儿童的动机。如儿童嘴里说"不"，你把东西递给他，看他会不会有要接的动作，如果有要接的动作，你就直接教他说"好的"。儿童仿说了，立即把东西递给他。反复训练之后，儿童就会明白在此场景下，应该说"好的"，而不是说"不"。

同时也应注意到，发展儿童表达拒绝的能力（比如，说"不行"）是与儿童遵从承认指令相矛盾的。若教儿童拒绝的表达，当发指令而他们拒绝时，也需要满足他们的要求（这就意味着，儿童没有遵从所发指令）。所以，教儿童提要求的初期，应暂时避免教孩子拒绝他人请求的表达，有助于提高他们听从指令的能力。

▶ **2006 年 11 月 13 日（星期一）**

妈妈：

我按您介绍的方法对 Joey 说"当我数到 10 的时候，我们必须离开"，他表现得很配合。在吃饭的时候，如果他吵闹，我不再像以前那样将他带离餐桌，现在我只是把他的盘子拿走，并要求他说出"餐桌上的规矩"。

> **行为分析师评注**
>
> 这里应用了"负惩罚原理"——在一个问题行为出现之后立即撤出一个偏好刺激，使得之后该行为的发生频率下降。文中，东东吃饭时吵闹，妈妈立即把餐盘撤走（此刻东东应该是想吃饭的），之后这种吵闹的行为减少了，就是一个"负惩罚原理"的成功运用。

这样做的效果比以前更好了。接受您的指导之后，我看到许多事情正往好的方向发生变化。Joey 还没能开始在幼儿园上洗手间尿尿。现在每天早上去幼儿园前，他不愿意喝任何东西。我想他可能觉得，只要不喝水，家长去接他之前就可以不用去幼儿园上洗手间了。当然，这对他的健康很不好。

> **行为分析师评注**
>
> 不愿意在学校上厕所或者只接受穿着纸尿裤排便在 3—5 岁的谱系儿童中是个常见的问题。
>
> 【原因】这可能跟谱系儿童刻板的特质有关系。

· 97 ·

他们具有不愿意改变现有行为和维持同一性的特点。他们习惯了小宝宝时穿着纸尿裤排便，就比较难接受使用马桶；他们习惯了在家里的马桶上排便，换一个环境、换了不同的马桶，他们也有可能无法接受。

【案例】在此介绍一个成功干预儿童在机构上厕所，并且指导家长帮助儿童在家里脱掉纸尿裤，使用马桶排便的案例，历时1个月。此案例仅供大家参考，每个谱系儿童的情况因人而异。

这个小朋友当时已经3岁6个月了，全天在机构上课。上了一个月都没发现他使用机构的卫生间排便，但是可以使用马桶尿尿。当时老师以为这个小朋友可能每天早晨或者晚上有固定的排便时间，但第二个月后家长就隔三岔五地反映小朋友已经四五天没有排便了，请老师中午让他坐在马桶上试一试。但老师很快发现他根本不愿坐在马桶上。老师意识到这可能是他刻板行为的一部分，仔细询问家长后发现：他目前即使是在家里也无法使用马桶排便。在家里，一般是家人看见他站在那里表现出想大便的样子时，就给他穿上纸尿裤，他就会拉在纸尿裤里。当时孩子的语言程度是可以主动说一些词语，可以仿说。干预时，主要使用了视觉提示、刺激配对、强化、连锁和创设动机等原理。

首先，根据儿童可能在机构时中午有排便的需要，如家人反应儿童在家里已经两天以上没有排便，那么在机构时上午多让儿童喝水，同时中午让儿童多吃一些午饭，从生理上让儿童有去排便的动机。

第二，根据该儿童视觉学习型的特质，老师通过视频让小朋友学习使用马桶排便。当时使用的是亲宝儿歌中的《拉臭臭儿歌》。这个小朋友看完视频后，还想再看一遍，老师就带着他到卫生间，帮助他脱了裤子坐在马桶上，同时视觉提示视频里小宝宝坐在马桶上的图片，这时候小朋友就可以接受坐在马桶上了。之后，老师把播放《拉臭臭儿歌》视频的iPad放在他手里，他可以边坐马桶边看视频，建立对坐马桶的好印象。初次坐了20分钟还没能排便就让儿童下来，表扬他愿意配合（"努力尝试"）坐在马桶上的行为。儿童走出卫生间后撤出iPad，让儿童明白只有坐在马桶上才能看视频。

第三，逐渐提高要求。下一次当儿童坐在马桶上看《拉臭臭儿歌》的视频时，要模仿小动物用力并配合深呼吸喊"嗯啊"。

第四，当儿童坐在马桶上尝试使劲时，允许老师顺时针帮小朋友揉肚子。每次坚持20分钟。如果没能顺利排便，就下来进入午睡流程。

经过一个月左右的反复练习，儿童终于能在机构的卫生间使用马桶排便了。由于老师跟家长同步沟通了干预方法和进展，家长在家里也使用同一方法坚持配合，很快儿童在家里也可以坐在马桶上排便了。

特殊教育教师：

我相信当 Joey 在幼儿园看到其他小朋友去洗手间尿尿，并让他觉得没有什么心理障碍时，他会在幼儿园去洗手间的。我们可以不断地告诉他，发生一点意外情况也没任何问题。你要鼓励他在上学前像往常一样多喝水。

我们复习了"请给我""好的""不行"这几个单词。我鼓励 Joey 把话说得更长一点。例如，当他想要玩具车时，让他清楚地说"请给我黄色的玩具车"。Joey 和我还邀请了另一个小男孩一起玩，三个人在一起玩得挺好。因为 Joey 现在还没有学会正确使用"不行""好的"，所以当他说"请给我 ××"时，我就分别用"不行"或"好的"来示范给他看。这样他就能在听到我的语言回答的同时也看到了我"拒绝"或"同意"的动作。和以前相比，现在 Joey 能更多地使用语言来表达了，也表达得更恰当了。

> **行为分析师评注**
>
> 老师示范给儿童使用"好的"和"不行"，以及体验相应的结果（分别为"同意"后的满足和"拒绝"后的失望），不仅有助于儿童站在他人的角度思考（观点采择，也叫心理理论、换位思考），而且能让儿童直接体验两种不同表达产生的结果，从而帮助他们日后更加准确地用"好的"或"不行"做回应。

▶ **2006年12月1日（星期五）**

特殊教育教师：

Joey 会跟着学说"好的"和"不行"。他现在能够理解这两个单词的意思，而且能自然而准确地使用这些词汇。我还用橡皮泥来强化锻炼 Joey 的手指。我把小弹珠藏在橡皮泥里，然后把橡皮泥放在一个小盒子里，我让 Joey 把小弹珠找出来。因为藏在小盒子里，所以 Joey 必须用他的手指把橡皮泥里面的小弹珠抠出来。这对他来说是一个训练手指关节的不错的活动。

▶ **2006 年 12 月 4 日（星期一）**

特殊教育教师：

今天 Joey 复习了"好的"和"不行"两个单词。他有时会不自觉地说出一个单词，但当他意识到说错了的时候，会马上纠正自己。

我今天带来了一个新游戏，带着 Joey 和其他三个小朋友一起玩。我向小朋友们强调要遵守规则，大家要轮流玩。

▶ **2006 年 12 月 8 日（星期五）**

妈妈：

昨天 OT 训练师打电话给我，我们可能很快就能开始训练了。

另外，当 Joey 说"不行（日语音：Dame）"这个单词时，他的发音听起来有点像"Ame"。我争取给他更多一点机会来练习这个发音。

特殊教育教师：

很高兴听说 OT 训练要开始了，Joey 会喜欢这个训练项目的。

现在 Joey 越来越多地参加幼儿园的手工活动了。今天他能自己摆弄小小的粘贴纸，我们还玩了按颜色给玩具归类的游戏。

▶ **2006 年 12 月 14 日（星期四）**

妈妈：

Joey 最近用积木或乐高搭建的房子经常被妹妹拆掉。每当这个时候他会表现得很急躁，但只会喊"不行"。我和幼儿园的康子老师说了这个情况。老师告诉我，在幼儿园里她会教孩子们说："现在我正在玩儿呢，你等一下。"我也准备用这些词语来教 Joey。

▶ **2007 年 1 月 5 日（星期五）**

特殊教育教师：

他今天和一个小女孩一起玩"过家家"。在加餐时间，Joey 还帮忙摆好了零食，并且和那个女孩一起吃。Joey 遵从我的指导，跟我一起玩了一个我指定的智力玩具，并把他喜欢的玩具车放到了旁边。他开始有一点点抗拒，但没有哭出来，并服从了我的要求。我今天教了 Joey 一个新的表达方式——如果他够不到他想要的东西，学着说"把 ×× 递给我"。

▶ **2007 年 1 月 11 日（星期四）**

妈妈：

Joey 今天在幼儿园很不开心。我带妹妹阿雅去幼儿园上课。当时 Joey 在另一个房间和其他小朋友一起玩。康子老师说 Joey 很不开心，因为老师不让他过来和我们一起玩。

> **行为分析师评注**
>
> 部分谱系儿童特别敏感,对新环境、新规则的适应有困难,容易焦虑。帮助他们尽快适应环境,减轻焦虑的最好方式是预警。提前提示即将面对的新环境、新规则,将帮助儿童明白自己在新的情境中该如何表现。预警无论是采用口头还是视觉提示都是可行的。对于语言理解能力弱但视觉能力比较强的儿童,使用图文结合的视觉提示方式可能更有效。
>
> 预警一般包括:我们要去什么地方?这个地方是什么样子?我们去这个地方的目的是什么?到了之后可能会发生什么事情?我们会跟什么样的人见面?我们要做什么事情?什么样的表现是恰当的?什么时候会离开这个地方?等等。
>
> 特殊教育教师在教学中经常使用一些能够编辑图文的软件,给儿童做一个流程图,在儿童要上一个新的幼儿园或者要去一个新的社交场合之前给儿童演示,充分预警。这对儿童适应新环境非常有帮助。

今天下午,他不愿意和小朋友分享他最喜欢的玩具汽车。当其他小朋友把他的玩具汽车丢进篮子里,找不到他的玩具车时,他哭闹了起来:说:"××君,不行。车去哪儿了?"

> **行为分析师评注**
>
> 每一次儿童的哭闹都是有原因的,比如,被拒绝加入集体游戏中,或者找不到自己的玩具了。如果在干预训练过程中教授孩子如何应对他人的拒绝,以及如何请别人帮助找到自己的玩具,帮助孩子提高应对突发事件和解决问题的能力,那么,孩子就能够更加从容地在集体环境中生活和学习。

▶ **2007年1月12日(星期五)**

特殊教育教师:

下次你带妹妹阿雅来幼儿园上课时,要提前让Joey知道你们会来幼儿园,而且你和妹妹阿雅会在另一间教室里,他不能过去。Joey和他的同学必须和自己的老师一起待在自己的教室里。他总归会明白自己该怎么做的。

▶ **2007年2月2日(星期五)**

特殊教育教师:

康子老师说,Joey在听老师讲故事时总是坐不住。我请她把讲故事这个环节安排在我来幼儿园指导Joey的时间段。

老师说他经常会自言自语,而且坐不住。今天我向Joey强调,在听故事的时候不能说话打扰别人。我告诉他,在听故事时要用耳朵来听,不可以用嘴讲话。刚开始他还是说话,但在我的要求下,他停止了讲话。他会四处走来走去,我没有限制他,因为我今天的重点是教会Joey在听故事时学会保持沉默。

行为分析师评注

> 特殊教育教师对于行为干预目标的分解非常重要，一定要把一个大目标合理分解为多个小目标，并分清主次和缓急。一个小目标成功之后再加入新的目标。如果特殊教育教师对儿童的干预超过了儿童所能理解和接受的范围，儿童容易产生逆反情绪，反而会出现更多新的行为问题。

▶ **2007年2月5日（星期一）**

特殊教育教师：

今天我让 Joey 在玩小火车前练习按形状和颜色把玩具进行归类，他毫无抵触地答应了我的要求。他还练习了通过观察图片来搭建积木。他不是很喜欢这个游戏。

我能不能把2月6日（也就是明天）来家里指导 Joey 的时间从1点45分改到12点45分？如果你们觉得不方便，请打电话告诉我。如果可以，我会明天12点45分过来。谢谢你！

▶ **2007年2月9日（星期五）**

特殊教育教师：

今天让 Joey 玩了一个新的智力拼图，来增强他愿意去接受一种新体验的能力。<u>他花了一段时间坐下来并集中精力去完成拼图</u>。在开始新游戏之前，我让他进行了一些身体活动。他还练习了拉上拉链和按好按扣。

很多家长会反应谱系儿童较难接受新的游戏、新的玩具、新的玩法、新的技能等。因为重复性行为是孤独症谱系障碍的核心特征之一。他们具有刻板地维持同一性的特点，不愿接受新的事物。在家长访谈中经常听到家长采用截然不同的处理方式：无奈保护型（避开儿童不喜欢或害怕的游戏）、勇敢突破型（想方设法带儿童尝试）。

在实际的新玩具探索教学中，特殊教育教师一般会比较温和一些，如适时地使用新的玩具作为教学材料，增加儿童玩该玩具的动机。如果儿童很难接受新的玩具，就需要老师尝试不同的玩法，增加儿童对该玩具的兴趣。如果还不行，可采用应用行为分析中的"刺激配对"原理，先呈现新的玩具，然后马上给予儿童原本非常喜爱的玩具，并与新的玩具之间建立某种联系，多次重复，使儿童对新的玩具也产生一定的兴趣。

举个例子：儿童很喜欢汽车，却对拼图没有兴趣，可以将拼图拆开，并创设一个小汽车搬运拼图块的挑战游戏，每一块拼图都使用小汽车运送，然后放置在一个位置，让儿童看到拼图逐渐拼好的过程。这个过程会使孩子对拼图的兴趣逐步增加，最后可能会尝试自己拼拼图。

▶ **2007年2月12日（星期一）**

特殊教育教师：

Joey 最近很配合。他按我的要求，在玩自己想玩的玩具之前，用我指定的教学玩具先接受了训练。

因为他在手工课上听不太懂老师让孩子们做什么，所以他在课桌边坐不住。但是一旦看到其他小朋友开始做了，他似乎明白了他应该怎么做。

（春假之后）

▶ **2007年4月9日（星期一）**

特殊教育教师：

希望你们上周过得愉快。

我觉得 Joey 对老师的要求和指导反应有点迟钝。他会用语言表达自己的想法，但他基本不回应其他小朋友。他集中注意力的时间好像比以前更短了。如果他需要一段时间才能恢复到春假前的水平，我会写一个有关他退步的报告。总的来说，他表现得不错，我看不出他有什么大的困难。Joey 今天的行为表现也许只是一个"星期一的行为"（周末放松后的第一天），我还不确定我需不需要写报告为 Joey 申请夏季的训练服务。不知道你怎么看？

> **行为分析师评注**
>
> 特殊教育教师入校对谱系儿童沟通和社交能力的干预训练首先从三个目标开始：①"主动提要求能力"训练，对缺失物品提要求尤其重要；②回应

小朋友的互动发起；③能够对小朋友主动发起社交互动。

在儿童成长的路上，总会发生各种情况，发现儿童出现某些技能"退步"的现象，应当具体问题具体分析。是孩子在任何地方都没有表现出之前的能力，还是孩子只是在特定情况下不能展现其能力，或者只是"每周一"没有表现好？只有"冷静下来"，具体问题具体分析，才能确定儿童出现能力不能展现的具体原因（比如，"练习的时间不够，技能维持时间较短""无法在不同场景中运用某项技能"，还是"由于周末某个事件或者作息时间调换后出现的问题"）。只有确定了"退步"具体产生的原因之后，才能有的放矢地解决问题。

▶ **2007年4月13日（星期五）**

妈妈：

我已经和圣格雷戈里幼儿园的校长谈过了。从新学年[1]开始，Joey每周会有五个全天去那所幼儿园，从上午8:45到下午2:30。我们下周二见面时再详谈吧。

特殊教育教师：

今天上故事课时，孩子们用图片卡练习使用动词。老师告诉我

---

1 美国暑假时间长，一般要在5月份之前决定新学期的报名。

这个游戏是从这周一开始的。老师说 Joey 一开始对这个游戏不感兴趣，但是现在他很有热情而且参与得不错。

> **行为分析师评注**
>
> 这个过程就是所谓的"解锁新尝试"的过程。谱系儿童往往较难在第一次参与某项游戏活动时，就表现出兴趣或者体会到其中的乐趣，甚至拒绝参与。但是当他们越来越熟悉游戏规则，有过一些练习后，他们会越来越喜欢参与的。但在国内的幼儿园中，很多游戏活动老师可能只会玩一次。其他小朋友第一次就会参与得很好，如果总是重复玩可能会影响小朋友们的积极性。建议提前给谱系儿童一些机会去练习即将玩的游戏，减少由于不会玩而拒绝参与的可能性。

听你说 Joey 将从 9 月份开始全天的课程，真是太好了！

▶ 2007 年 4 月 20 日（星期五）

特殊教育教师：

今天刚开始的时候 Joey 的手心温度有点高，他看起来有点犯困。他起先反应很慢，但没过多久就恢复正常了，然后就和其他小朋友一起去玩了。

终于出太阳了，真好。你们周末好好享受户外活动吧！

▶ **2007年4月23日（星期一）**

特殊教育教师：

今天 Joey 很听话，遵从我的指导。他想和另一个小朋友一起用积木搭一座房子。那个小朋友对如何建造这个房子有他自己的想法，所以 Joey 只好按那个小朋友的办法来做。Joey 对和小朋友一起玩儿表现得特别有兴趣，而且很好地接受了那个小朋友的玩法。他们俩一起玩的时候，Joey 一边玩还一边表达自己的看法。我从来没见过 Joey 和其他小朋友玩得这么有兴致。这是 Joey 与其他小朋友互动关系上的一大进步。

> **行为分析师评注**
>
> 从喜欢独自玩到喜欢和其他同伴一起玩，这个过程需要特殊教育教师不断地为谱系儿童和同伴之间制造"欢乐"的桥梁。特殊教育教师作为媒介，帮助谱系儿童和同伴在一起玩游戏，促使他们逐渐自发地感受到与同伴一起玩的欢乐。特殊教育教师的桥梁作用会使谱系儿童开始愿意与同伴一起玩，甚至开始用语言进行交流。

▶ **2007年5月4日（星期五）**

特殊教育教师：

Joey 开始用语言来表达他想要什么，而不是像以前那样独自走开或不理不睬。尽管我让他做的事情有些并不是他愿意做的，但他尝试告诉我他想要什么，我尊重他的努力。今天 Joey 用完整的句子表达了自己的想法。

▶ **2007 年 5 月 7 日（星期一）**

特殊教育教师：

Joey 现在理解了我们对他行为表现的要求。今天我让他把正在玩的玩具收起来，他马上去收拾了。过去不管其他小朋友在做什么，他总是一个人玩火车。现在他愿意和其他小朋友一起玩他们想玩的玩具了。

▶ **2007 年 5 月 11 日（星期五）**

特殊教育教师：

Joey 现在对幼儿园每天的活动安排已经非常熟悉了，但他也开始坚持己见，会经常说"不"。我告诉他什么行为是我们希望他做的，并让他按照我的要求去做。他似乎是在试探我们的容忍程度，最后他还是按照老师的要求做了。

> **行为分析师评注**
>
> 在与儿童相处的过程中，老师和家长需要说到做到，只有这样他们才知道爸爸妈妈或者老师不会因为"我撒娇或者调皮"就改变想法——我就可以不按照事先说好的规则和要求执行。

▶ **2007 年 5 月 14 日（星期一）**

妈妈：

有几件事和您沟通一下：

OT 训练师上周因为生病没有来。她在电话里说，她已经接到了 5 月 22 日的会议通知，但她有事无法参加。她说她会写一份报告，建议在暑假和下学期继续为 Joey 提供训练课程。从这周开始，Joey 每周二、四的下午要在幼儿园待到 2:30。麻烦您和老师商量一下每周二的时间安排。这周二（5 月 15 日）中午 12:30 老师将带 Joey 和其他小朋友去附近的社区公园。

Joey 现在还是"强忍"到最后一分钟才去上厕所。他还是坐着而不是站着小便。我觉得现在我们必须认真对待这个问题了。

Joey 上周五画了一张完整的头像。在家里我会创造更多机会让他练习使用蜡笔、圆珠笔和铅笔。也希望您能抽出时间教他如何正确握笔。

再次感谢！我们周三见。

▶ 2007 年 5 月 15 日（星期二）

特殊教育教师：

Joey 好像很喜欢和小朋友们一起去公园散步、玩耍。令我惊讶的是，今天 Joey 在玩了"儿童乐园"里的各种游乐设施后，自己一个人安静地去围栏旁坐了一会儿。康子老师告诉我，以前每当她领小朋友出去时，Joey 总是一个人待在一个封闭的角落里。你见过他独自待在儿童乐园的角落里吗？

从公园走回来的路上我们花了很长时间，我不得不延长了 20 分钟的训练时间。明天我去家里指导 Joey 的时间会减少为 40 分钟。到时候见。

经常一个人玩是部分谱系儿童的表现，但谱系类型很多，也有一部分儿童愿意主动跟小朋友们一起玩，只是方式不太恰当，无法跟小朋友们开展融洽的互动。

兴趣狭窄是影响谱系儿童社交的一个因素。另外，很多谱系儿童不知道如何向他人发起社交互动，不知道如何回应他人的请求，或者不知道如何与他人寻找并维持共同的话题。有些儿童没有参照别人作品的能力，从而一直"沉迷于"自己的画作，另有些儿童没有创造性的玩具玩法，玩法过于单一。

"小朋友一个人玩"虽然看起来表象相同或者相似，但究其原因可能各不相同。当老师帮助儿童获得这些社交和游戏技能的时候，需要具体分析哪些是最限制儿童能力发展的"瓶颈"因素，多维度地帮助儿童打破瓶颈，使儿童体会到社交的乐趣，更愿意与人"打交道"。

【情况1】小朋友一个人玩或者不愿意和其他孩子一起玩，是由于能力达不到游戏要求而多次受挫后导致逃避游戏活动。例如：丢沙包游戏。四个孩子中有两个孩子具备躲闪的能力，另两个孩子却不具备，导致其向老师表达"我不想玩"之类的拒绝参与的话语，同时，会有跑出游戏区域或者坐在地上哭闹的行为。

【应对策略】和同伴一起练习躲闪的能力：①告知并向孩子演示如何躲闪沙包；②与所有孩子一起设置情景演练，表扬每一次成功躲闪（投掷后躲闪难度逐渐从低到高）的行为，从而加强孩子能够成功躲闪的信心；③在丢沙包游戏的过程中练习躲闪并及时表扬，帮助孩子树立信心。当孩子能够更加从容地应对这个游戏时，孩子就会更加有参与感地与同伴互动起来。老师问"想要玩什么游戏？"的时候，也会与其他孩子一起表达"丢沙包"，而不是自己一个人玩，这是因为孩子具备玩这项游戏的能力了。

【情况2】有的孩子看似具备模仿能力以及向他人提要求的能力，但是就是自己一个人玩，面对陌生人时甚至整个身体都藏在他人身后。

【应对策略】这与孩子对陌生环境或者人的适应速度有关。那么，一个很好的策略就是，带着孩子与不同的人和环境开心地接触，只有这样的"刺激—刺激配对"孩子才能愉快地面对、接受不同的人和环境，缓解面对新事物和人时所带来的焦虑和情绪问题。

【情况3】孩子不具备向他人提要求以及回应对方的请求的能力，导致同伴找孩子玩的时候孩子没有回应，这让同伴不再想要与这个孩子玩，因为同伴没有得到孩子的回应，以满足自己的需求。

> 【应对策略】教孩子遵从成人的要求,并逐渐扩展到对同伴的要求做出回应,从而让这个孩子的同伴更愿意与孩子待在一起。只要两个孩子能够相互满足对方的需求,那么两个孩子就能一起玩。

▶ **2007年6月7日(星期四)**

妈妈:

下周的时间调整没问题,期待与您见面。

Joey在家也开始尝试站着小便了。他似乎明白了该怎么做。不过Joey还是会忍到最后一分钟才去洗手间,而且总是想要坐着小便。我会尽力在家慢慢陪他练习。

特殊教育教师:

今天Joey在音乐课上表现很好,他很好地听从了康子老师的指导。他开始理解老师展示的乐谱的颜色与贴着对应颜色贴纸的琴键之间的关系了。他真的很喜欢音乐课。

▶ **2007年6月14日(星期四)**

特殊教育教师:

Joey对音乐课真的很有热情。他能很好地按照老师的指示去做。今天是他第一次独立演奏整首乐曲。我吹着口风琴,由美子老师大声读着乐谱。Joey按照由美子老师的乐谱,按了正确的琴键。听从老师的口头指示,按下对应的琴键并独立表演,对Joey是个非常好的训练。他对自己的表现感到很自豪。我真为他高兴。

> **行为分析师评注**
>
> 很多谱系儿童听觉敏感，他们对音乐的感觉很好，甚至可能有绝对音感的天赋。家长如果发现儿童有音乐天赋，可以进行早期开发。但需要注意，并不是所有听觉敏感、喜好音乐的儿童都一定具有音乐天赋。
>
> 东东有这方面的天赋，正好利用儿童对音乐的兴趣，增加更多的沟通以及社交训练，对儿童的互动能力会有很大的促进作用。

▶ 2007年6月18日（星期一）

特殊教育教师：

我明天下午1:30来家里指导Joey。

今天Joey自己按照积木玩具的图示，用我指定颜色的积木搭建出了一个模型。他先仔细地看了书里的图示，然后搭出了那个立体模型。当他觉得自己无法独立完成一件事情时，他会请求帮助。当他觉得自己可以独自完成时，他会全神贯注地努力去做。

> **行为分析师评注**
>
> 分类（Sorting）是干预训练计划中重点帮助孩子发展的能力。收拾玩具——将不同类型的玩具放置在不同的地方，是分类技能在生活中的重要体现，也是整理房间及个人物品时重要的能力之一。
>
> 当儿童遇到困难时，鼓励他努力尝试；仍然无

> 法独立完成时，再向他人请求帮助。这样能够帮助儿童树立"战胜困难的信心"，增强抗挫折的能力，减少畏难情绪。鼓励儿童"静下心"来做事情（无论是学业任务，还是喜欢的活动）并适当表扬，是帮助孩子培养专注力的好方法。

2007年7月2日（星期一）

特殊教育教师：

今天 Joey 比较合作。他玩了我指定的玩具，而不是只玩他自己选择的玩具。他会把玩过的玩具收拾好，然后再去拿下一个玩具。我们又练习了说话时看着对方的眼睛。我把他想要的玩具放在我眼睛的中间（这样他要玩具的时候自然会看我的眼睛）。我鼓励他用自己的语言来征得其他小朋友的允许，再玩别人的玩具，或允许其他小朋友玩他的玩具。

行为分析师评注

> 儿童提要求时，把儿童想要的玩具放在两眼之间让儿童在看向玩具的同时能看向人的眼睛，是训练儿童眼神接触的很好的方式。这也是"刺激—刺激配对"原理的良好应用。儿童因为想要某个玩具会看向该物品。当看向他人和想要的物品反复同时配对出现后，儿童也会更愿意看向他人，进而增加儿童与他人目光接触的频率。
>
> 物权意识的培养对谱系儿童非常重要。"物大于人"的特点会使得他们看见自己喜欢的玩具就去

> 拿，而不管是谁的玩具。对自己的玩具也没有保护意识，看起来很大方，别人随便拿也不管，这也是自己没有物权意识的表现。

我明天下午 12:45 到你家。

2007 年 7 月 6 日（星期五）

特殊教育教师：

Joey 今天早上练习吹口风琴。他能在弹琴键的时候自己吹风送气。太棒了！他自己看乐谱，一边吹一边按琴键。现在他可以自己玩了！他非常高兴自己都能独立完成。我真为他感到骄傲！

2007 年 7 月 11 日（星期三）

特殊教育教师：

昨天 Joey 不会用故事排序卡，所以今天上音乐课前我们用排序卡练习了一会儿。尽管他不太喜欢，但他似乎理解了怎样用排序卡来按顺序编一个故事。我给他示范了怎样按顺序来排列卡片，并给他讲了每张卡片的内容。他能够辨别每一张卡片的内容。

行为分析师评注

> 故事排序卡对谱系儿童理解事件前后发展非常有意义，可以作为练习儿童对事件前后因果关系或者发展顺序认知理解的练习材料。

他见到 Hideo（幼儿园小朋友）非常兴奋！

上完"口风琴"课后，我让他把吹口和琴键擦干净。他分不清"擦"和"吹"的区别。这两个单词在日语里的发音是一样的。我用句子给 Joey 解释这两个词的用法。

"吱吱地擦一下（日语发音 Hu-Yi-Te）。"

"噗噗地吹一下（日语发音 Hu-Yi-Te）。"

他后来去玩了涂色游戏，做得很棒。

2007年7月25日（星期三）

特殊教育教师：

Joey 今天和其他小男孩玩的情景，令我印象深刻。在让人沮丧的情况下，他表现出了很好的忍耐力。有个小男孩没有征得 Joey 的同意，就拿走了他在玩的小火车，Joey 不声不响地走到我身边，默默地看着事情的发展。然后他决定去玩另一个玩具小火车，他没有因为这件事情与那个小朋友争吵，也没有哭。当火车轨道坏了时，我让 Joey 去修一下，他把轨道修好了。

> **行为分析师评注**
>
> 学习在不同冲突情境下的应对方式是在集体环境中"社交"的必不可少的一课。
>
> 对于冲突的解决，老师或家长先要与孩子一起讨论面对冲突相应的解决方案，然后通过行为技能训练（Behavior Skill Training，BST）为孩子讲解与演练。BST 包括：①说明（明确目标行为，也就是

"规则和要求"，并以书面的形式说明如何产生目标行为，这里可以是视觉提示图片的形式，展示不同冲突情境下的解决方案）；②示范（向孩子演示不同冲突情境下，如何用适当的方式进行应对，以及界定适当和不适当的实例演示，让孩子评判是否符合要求）；③在教室或者可控环境中角色扮演，创设情境，老师给予反馈；④当孩子已经可以稳定地做到目标行为后，在自然环境中，创设冲突场景，演练，老师给予反馈，直到孩子可以在自然环境中正确应对冲突。除了BST以外，建议老师或者家长给孩子设置行为契约和代币经济，甚至与自我管理相结合，给孩子明确要求，指出如何奖励好的行为，以及产生不当行为后会有何种结果。

【冲突场景举例】在游戏中，几个孩子都想制订规则或者先玩，该怎么办呢？

【应对措施】①老师与学生头脑风暴，找到几个解决问题的方法，将其设定到游戏规则中；②老师分别与每个学生展示当与他人有不同意见时，老师的解决方式；③老师分别与每个学生角色扮演，以确保每个孩子都具备方案中问题解决所要求的能力（比如，石头剪刀布、手心手背，或者发生冲突后，平心静气、冷静下来的策略，甚至包括商量的策略）；④在真实自然的环境里发生冲突时实际解决问题的演练，老师提供反馈。

今天任何人与他说话，Joey 都很好地给予了回应。有人问他一个问题或让他去做一件事情时，他都会用语言和行动来应答。后来，他和另外两个大一点的小男孩一起玩了新的纸板游戏。在整个游戏过程中，Joey 能遵守规则，大家轮流着玩。他很喜欢这个游戏，没有中途走开。

> **行为分析师评注**
>
> 这里看到，儿童的同伴社交能力有明显的进步，可以回应同伴的要求，可以回应同伴问话，也可以跟同伴玩一些棋牌类的规则游戏。

▶ **2007 年 7 月 27 日（星期五）**

特殊教育教师：

我问 Joey 今天要不要练习口风琴。他很有兴趣，但没有马上开始练习。他非常在意用对指法，他想要表现得完美。所以在正式开始练习前，他需要一些时间。我们练习了几首乐曲，他演奏得很好。

我开始让他练习听从"连续两步"的指令（先做什么—后做什么）。他做完第一步指令后就停下来了。我重复了第二步要做的，他跟着做到了。Joey 目前还不能按照"连续两步"的指令进行演奏，但我相信他能行的。

> 行为分析师评注
>
> "把那个玩具给我""现在去洗手"等指令属于"一步式"指令。"两步式"指令涉及先后顺序,比如"先把玩具放回筐里,然后去洗手"。东东当时对语言的接受能力还只是停留在理解并执行"一步式"指令的水平。复杂的句子,涉及两个以上的意思,有前后顺序的指令他还理解不了。这里涉及一个"顺序"的概念。利用卡片排顺序讲故事,可以帮助东东借助视觉来理解语言上前后的逻辑关系。
>
> 视觉提示顺序卡片可以帮助儿童参照图例所示更加独立地按照一定的顺序完成两步或者多步指令。如早上起床—洗漱—吃早饭—去上学的流程卡片,可以帮助儿童理解并有序地完成早晨一系列的任务。

▶ **2007年8月6日(星期一)**

妈妈:

上周六,我们和 Hideo 一家一起去参加了"托马斯火车户外一日游"的活动。Joey 很兴奋,在排队和坐火车的时候,都表现得很好。

他非常喜欢那件印有托马斯火车图像的 T 恤,已经穿了三天三夜了都不愿意脱下来。

顺便说一下,谢谢您帮忙照顾妹妹阿雅。我听幼儿园老师说了。她能喜欢这所幼儿园我很高兴。

特殊教育教师：

在看到你的留言之前，我还夸奖了 Joey 的托马斯 T 恤，他很得意的样子。现在我知道他为什么喜欢这件 T 恤了。

在音乐课上，Joey 学习了在集体活动中要遵守秩序，要听从老师的教导。他已经记住了日常活动的流程，所以他有时等不及老师布置下面的安排就先说出来。他练习了在听老师说话的时候不要讲话。

> **行为分析师评注**
>
> 随着练习的深入，儿童已经开始对教学常规流程有所了解，这样儿童更能够遵守日常行为规范，并且能够自发地参与，这是一个重要的进步！
>
> 在国内的干预训练中，老师通常会在幼儿园开学之前就使用结构化的视觉提示流程，帮助儿童提前了解幼儿园一日常规流程，以及各个流程中的规范行为，如事先帮助儿童理解"老师讲话时要保持安静"。这样可以帮助儿童提前练习和掌握幼儿园的规则，有助于儿童在新的幼儿园更好地适应融合，并减少问题行为的发生。
>
> 但是事先的练习有时不一定能够帮助儿童将掌握的能力泛化到具体的环境和复杂的同伴关系中，因此仍然需要特殊教育教师在实际的幼儿园环境中帮助儿童。如果幼儿园资源不足，家长或特殊教育教师入校支持就显得非常重要。

（暑假开始了，开学后转入本地英语幼儿园）

第三阶段

时间：*2007 年 9 月—2008 年 6 月*
地点：*英语幼儿园*

东东上的日语幼儿园是由几位以前在日本有幼教经验的日本老师集资办起来的。由于幼儿园还属于初创阶段，除了两间供活动的教室，基本没有其他室内或室外活动空间。考虑到东东需要更多的户外活动和更丰富的教学课程，4 岁时转到了本地的英语幼儿园（Preschool）。学区特殊教育委员会同意将所有干预训练的课程一起转到这所幼儿园。负责东东的特殊教育教师和言语治疗师通晓英语和日语。转入本地幼儿园后，没有更换特殊教育教师，语种改为英语。OT 训练师继续在家每周指导东东一两次。

▶ 2007 年 9 月 11 日（星期二）

特殊教育教师：

今天我陪 Joey 一起坐着，他整天都和其他孩子待在一起，没有脱离集体。他用日语问起妈妈，但看起来他能跟上老师的讲课节奏。这是一个非常好的、有教育意义的、有系统结构的课程。Joey 今年应该能从这个课程中学到很多东西！我很高兴，也很期待未来的日子。

他今天去了洗手间小便。

> 行为分析师评注
>
> 看起来东东新的幼儿园有较为系统的课程，而之前的日语幼儿园课程较为轻松，小朋友有更多的自由游戏时间。国内有很多家长经常会问孩子目前阶段应该选择什么样的幼儿园。如果儿童处在上幼儿园初期，年龄小，遵守规则能力较弱，且同伴社交游戏能力比较滞后，一般建议先去宽松一点的幼儿园。这样孩子的社交性问题不会那么明显，给孩子一个适应的过程。但在这个过程中，建议加强干预训练，如着重发展游戏技能、同伴社交和集体技能。等这些能力经过一个学期的练习得到提高之后，就可以向日常管理更系统化的幼儿园转换。这个时候集体技能和教学常规就需要得到进一步的提高和锻炼，从而为上小学做准备。在儿童3岁左右症状最突出的时候直接上规矩多、系统性强的公立幼儿园，很容易因为无法适应规范化管理而产生大量问题行为，普通教育教师可能会和家长反映问题。

妈妈：

今天我接Joey放学的时候，他看上去很开心。看起来他很喜欢这所新幼儿园。放学后，我把他留在我朋友那儿两个小时，我要带妹妹阿雅去参加一个活动。我朋友说，Joey在她那里很开心，也没有闹。

这是新学期的一个良好开端。

▶ **2007 年 9 月 14 日（星期五）**

妈妈：

M 老师（班主任）说 Joey 周四、周五的表现都很好，但周三 Yumi 老师（言语训练师）来上课时，他表现得太过兴奋。他想和 Yumi 老师一起玩，在教室里跑来跑去，Yumi 老师只好把他带到教室外面去了。M 老师说 Yumi 老师离开后 Joey 就好了。

他必须学会在新的幼儿园，跟着 Yumi 老师好好上课。

▶ **2007 年 9 月 18 日（星期二）**

特殊教育教师：

Joey 今天很安静地与其他孩子一起上课。当他坐着的时候，他总是趴在桌子上，当他被要求坐在地板上听故事时，他有时会躺下，但他没有离开集体，也没有大声地自言自语。今天他说了一些含糊不清的话。对他来说新的幼儿园是一个完全不同的语言环境，出现这种情况是很正常的。我让他去教室的读书角，他没在那里待很久，但至少他了解到教室里有这个读书角。

行为分析师评注

对变化适应较慢的儿童来说，当他们来到一个新的环境中，面对不熟悉的人时，老师应给予他们一定的空间先去适应、探索这个新环境，同时创设一些有意思的场景让他们加入新集体中。若儿童出现因不适应而哭闹的情况，不要强求，以免产生对新环境更加排斥的情绪。建议尝试让新环境特

> 别有趣，激发儿童的动机，使他们自然地想要参与其中。同时，哪怕儿童只是在旁边看着集体活动中的其他同伴，也要多表扬。鼓励、支持儿童每一点点的靠近和加入，这样他们才能更加喜欢这个集体环境。

▶ **2007年9月19日（星期三）**

妈妈：

今天Joey与OT训练师Juanita老师一起上了一堂很棒的课。他在整个上课的过程中，都能积极地跟老师对话交流。虽然他说得还是很小声，有些词的发音也不是很清楚，但他确实用了完整的句子与Juanita老师进行了交流。

看到他的进步，真是令人鼓舞！

特殊教育教师：

今天休息的时候，Joey坐在电视机前看电视。他的注意力更集中了，不像我上次见到他时那样跑来跑去。M老师告诉我，总的来说Joey下午的注意力更集中一点。

今天上午老师教了大写字母"A"和小写字母"a"。学生们学习了如何书写那些以字母a开头的单词。比如"苹果apple""苹果酱apple sauce""鳄鱼alligator""围裙apron""天使angel"，还有以字母A开头的小朋友的名字，老师把这些单词都写在黑板上让孩子们抄写。

今天下午，老师让小朋友们在课堂上做一份和字母 A 有关的练习。一开始 Joey 想按自己的想法来做，我告诉他得按老师的要求做，他不高兴地从椅子上滑了下来，但很快恢复了正常，和我一起完成了练习。在做涂色游戏、图片归类、练习用剪刀剪纸时，他需要有人在一旁督促他。他在我的陪同下完成了功课。

> **行为分析师评注**
>
> 谱系儿童在做功课时容易出现我行我素的情况，按照自己的想法来写，画自己感兴趣的东西，而不是按老师的要求完成布置的任务。在一些活动转换和主动跟随参与上都需要提供一些帮助。

▶ **2007 年 9 月 21 日（星期五）**

妈妈：

昨天 Joey 从下午 3:30 到 4:20 去以前的日语幼儿园参加了一个下午课程。从进幼儿园到出来他都没做什么有问题的举动。他昨天有点兴奋过头，没能像平时那样很快入睡。非常感谢您的帮助。

特殊教育教师：

我问老师 Joey 今天上午的表现如何，老师说他上午没法和班级同学待在一起，只能让一个助理老师一对一地陪着他。老师觉得 Joey 需要有人始终陪着他。我们需要商量一下，怎样才能让他顺利适应新的环境。M 老师希望我们能安排时间见一面，沟通一下 Joey

的情况，商量如何帮助 Joey。星期一下午两点，你能来幼儿园吗？

▶ 2007 年 9 月 23 日（星期日）

妈妈：

好的，周一下午 2 点，咱们在幼儿园见。

▶ 2007 年 9 月 24 日（星期一）

妈妈：

晚饭后我带着 Joey 和妹妹阿雅去了儿童乐园让他们在外面玩了一会儿。我还减少了他们看电视的时间，让他们早点睡。希望 Joey 明天更有精神。

▶ 2007 年 9 月 25 日（星期二）

特殊教育教师：

显然 Joey 今天的表现好多了。在整堂课上，尽管他有试图从座位上站起来，靠着我或靠着桌子的现象，但他仍然能够始终坚持坐在自己的座位上。手工课上，用蜡笔上色、用剪刀剪东西时，他都能集中注意力，不需要别人太多的帮助，就能做得很好。

> 行为分析师评注
>
> 培养儿童平时在完成某项任务（如，手工、绘画、阅读）时的持续专注力和安坐能力，能帮助儿童更好地适应集体环境。

自由活动时，他站在另一个小男孩旁边，想看看他们究竟在玩什么。我告诉 M 老师，Joey 对自己"表现"的期望值很高，但是他的身体发育状况有时候跟不上，无法让他做到他所期望的样子。遇到这种情况时，他会心烦意乱或感到沮丧。无论怎样，他是非常希望自己能表现得好一点的。

> **行为分析师评注**
>
> 特殊教育教师能够与主班老师如此沟通，让班级老师更加理解和包容谱系儿童日常可能出现的情况，是值得其他特殊教育教师和家长学习的。

妈妈：

我完全同意您的看法，Joey 需要进行一些身体上的锻炼，尤其是他的上半身（缺乏力量）。谢谢您给出的建议。

我和 OT 训练师 Juanita 老师商量过，她同意每次来我家的时候都带 Joey 去儿童乐园玩 20~30 分钟。今天她和 Joey 一起玩了"猴架"，让他运动上身的肌肉。

今晚我又没让 Joey 睡前看录像，他也没什么抵触情绪。他真的太累了。

> **行为分析师评注**
>
> 运动对于所有儿童的成长都非常重要，但运动对于谱系儿童的意义会更大。比如，①有助于练习儿童的平衡感、协调性和肌肉力量等；②在共同的运动爱好中形成社交团体，有助于儿童同伴社交和友谊的形成；③有助于培养谱系儿童长大后自我休闲放松的能力。

▶ 2007年9月27日（星期四）

妈妈：

M老师说Joey这周四表现很好。

下午上完日语课后，我带他去公园骑了会儿自行车。昨晚他很早就睡了。希望他在这周的最后一天仍然精力充沛。

▶ 2007年9月28日（星期五）

特殊教育教师：

很高兴听说Joey昨天的表现很好。我听说他今天上午上课时的表现也很不错。现在他对于课堂上的常规活动已经很熟悉了。M老师也觉得Joey适应了幼儿园的日常生活和环境。

> **行为分析师评注**
>
> 东东从9月21号幼儿园老师觉得需要一个全职的特殊教育教师到9月28号老师觉得东东已经基本适应了新幼儿园的日常规则，这是一个非常快速适应的过程，这与针对儿童进行的干预和练习所

> 打下的基础，以及特殊教育教师在幼儿园中的支持有很大的关系。

今天我问 Joey 是否想和我一起去外边，而不是留在教室里看录像节目，他宁愿和其他小朋友一样坐在垫子上看录像。只要他身体能坚持，我就让他尽量保持同一个姿势（而不是动来动去）。当我帮他轻轻按摩身体时，他坐得很好，也能理解录像中的故事。休息时我给他做一些能激活身体感觉系统方面的活动，也许能有助于他下午上课时集中精力。今天下午上课 Joey 坐得很好。

▶ **2007 年 10 月 2 日（星期二）**

妈妈：

我写了留言给 M 老师，请她为 Joey 把祷告词写下来（我可以和 Joey 在家反复读一下，这样他就能跟上其他孩子了）。如果您有机会见到 M 老师，麻烦您帮忙提醒她一下？谢谢您！

特殊教育教师：

我要 Joey 练习在老师讲课时闭上嘴，不要影响别人。我要求他用手捂住自己的嘴，告诉他这个手势的意思是：必须闭上嘴，保持安静。你在家里能帮他练习一下这个手势吗？比如在吃零食或做他喜欢的事情之前，要求他做这个动作——用手捂上嘴，保持安静。

不出我所料，今天早上当大家一起唱歌时，他不仅唱还一边挥舞手臂。

我今天没有机会和 M 老师说。明天我会去问一下你说的那个"祷告词"的事情。

▶ 2007 年 10 月 4 日（星期四）

妈妈：

M 老师帮我把祷告词写下来了。我和 Joey 已经在练习了。对 Joey 来说，晨课的祷告词太长了，他还没能背下来，我们会继续练习。下午吃点心前的祷告词比较短，我想 Joey 应该可以和其他小朋友一起念诵了。

特殊教育教师：

我没有期望 Joey 能很快记住所有的英文祷告词。我只是想让他熟悉一下，这样他不会有完全陌生的感觉。

今天早上围坐在地板上上晨课的时候，我让他手上拿根橡皮筋玩（帮助他协调身体感觉系统）。这对 Joey 来说很有用，他坐着没有乱动。我不想过度使用它，因为如果这样，Joey 会过于关注橡皮筋，而不注意老师的指导。我靠他很近，在老师要求孩子们开始做下一项活动时，我就马上把橡皮筋拿走了。

> **行为分析师 评注**
>
> 老师让儿童手里拿些或者玩些自己感兴趣的东西。这种方式可以暂时让儿童安坐、保持不动，但这只是一个辅助手段，要注意不能过度依赖。在引入辅助物品之前要有帮助儿童逐渐撤出的策略。

▸ **2007年10月5日（星期五）**

妈妈：

昨天晚上我们去参加了幼儿园的开放日活动，所有老师都称赞您的工作非常出色。您真该为自己感到骄傲！

OT训练师生病了，她取消了本周的两节课。等我下周见到她，我会请教她有什么办法能帮助Joey老实地坐好。

今天Joey比平时晚睡了半小时。希望他周五还能精力充沛。

特殊教育教师：

M老师说今天Joey表现得不错。很高兴听到他在周五能表现得这么好！

昨天我向我的督导老师汇报，我指导的许多孩子在坐着的时候都会把身体向前倾，并倚靠在桌子上，或者在自由活动时躺在地上。我在想这可能与这些小朋友的感觉统合失调，或他们身体肌肉力量虚弱有关。她提到了有一种专门用于增加身体负荷的背心。这种"负荷背心"在OT训练中经常会用到。如果你有机会，可以问问Joey的OT训练师。

Joey喜欢给他的手指加一些压力，喜欢把他的手指动来动去。你是否知道有一种手指运动叫"手指相扑"（一种互相用手指斗来斗去的游戏）？今天休息时，我和Joey玩了这个游戏。他没能理解这个游戏的概念，所以也没有玩成。

今天是他第一次在不需要我帮助的情况下，自己排在班级队伍里和小伙伴们一起走路。

▶ **2007 年 10 月 10 日（星期三）**

妈妈：

今天 OT 训练师来家里给 Joey 上了一堂加长时间的训练课。她要了您的电话号码，她说会给您打电话。

特殊教育教师：

我给 OT 训练师打过电话，并一直在等她给我回电。我负责定期与所有的治疗师沟通情况，这并不太容易。在我所负责的孩子里有 12 位治疗师参与其中。我给每个人都打过电话，但很少有人回我电话。我没法一直打下去。

不管怎样，我想问她一下，她觉得 Joey 是否能从 PT（Physical Therapy）训练中得到帮助。学区负责特殊教育的 JG 老师来幼儿园看 Joey 的时候，我也问了同样的问题。她说她会去查看一下 Joey 的档案，看看他以前是否接受过 PT 训练。

我本来想问 OT 训练师为什么 Joey 没法好好地坐在椅子上，为什么在自由活动时间他有时会躺在地板上。这也许是他身体的感觉系统有些问题。

当我和 JG 老师讨论这件事情时，她观察了 Joey 的行为表现，问我 Joey 是否有视力问题？ Joey 接受过视力检查吗？我们只是想排除其他可能的原因。

> **行为分析师评注**
>
> 特殊教育教师面对问题行为时,首先询问家长或建议家长去医院排除儿童身体不适等生理因素或疾病,是很有必要的。待排除了生理因素或疾病后,特殊教育教师应仔细对儿童的问题行为进行评估,从而判断导致儿童做出如躺地板和离座位等行为的原因。

2007年10月11日（星期四）

特殊教育教师：

今天Joey一直坐不住,无法集中精力做手工。我再次带他离开教室,去了体育馆,让他在里面跳跳、跑跑、滚滚。这些还真的有效。在活动身体时,他很好地听从了我的要求。他很乖,非常喜欢这些活动,开心地笑个不停。我们回教室的路上,我告诉他接下来该怎么做。他坐着完成了手工,没有什么影响别人的举动。

> **行为分析师评注**
>
> 如果儿童在动机强的时候能够安坐,这代表儿童是具备一定时间的安坐能力的。如果发现儿童在进行某项活动时不能够安坐,这时应考虑儿童是否具备完成该项活动的能力。如果内容过难,那么则需要培养儿童具备完成该项活动的能力,否则,很有可能出现逃避的现象。
>
> 对于文中所提到的情况,东东在体育馆进行运动后,回到教室能在老师的指导下坐着完成手工任

> 务，那么接下来可以尝试每天来到幼儿园为东东安排一定的运动时间，帮助他调节自己的身体感受。

2007年10月12日（星期五）

妈妈：

我忘了回答您关于Joey视力检查的问题。我们在开学前做过视力检查。尽管他看不清最下一行的标记，但他的视力还可以。我们下周一再谈吧。

天气开始越来越不好了，可能没有多少机会去外面活动了。我会让他多做一些室内的身体锻炼。

特殊教育教师：

如果天气不好，早上Joey进教室前，你可以直接带他去体育馆，让他在你的监督下活动活动（我不想让他觉得他可以很随意地玩，可以想做什么就做什么）。他的确很喜欢体育活动。这也是一个很好的机会让他练习遵守规矩，同时帮他放松紧张的身体。我会告诉你我平时在体育馆里为他安排了哪些活动。

2007年10月18日（星期四）

特殊教育教师：

Joey开始主动参与晨课了。他不仅待在那里，而且还模仿了一些动作。M老师讲了他们在晨课中要做的功课。Joey能回答M老师问全班同学的一些问题。当我们要他走到桌边时，他跑着过去了。他马上明白自己不应该在教室里跑，又像往常一样走回到我身边，再走到桌子旁。他自发地纠正了自己的行为。

2007年10月19日（星期五）

特殊教育教师：

我和我的督导老师谈过了。她准备把我写的关于为 Joey 进行 PT 评估的申请报告提交上去。同时，我们确实认为你有必要再增加一个 OT 训练项目，以提供 Joey 所需要的服务，满足他感觉系统训练方面的需求。我的督导老师认为 OT 训练师是孩子最需要的人。如果你想和我的督导老师谈一谈，可以随时给她打电话咨询任何问题。

2007年10月23日（星期二）

特殊教育教师：

Joey 今天表现得不错。在晨课时，他坐着没有乱走动。有一小段时间，需要橡皮筋来吸引他的注意力，这样他就不自言自语或自己唱歌了，也不会干扰老师上课了。课间休息时，他用语言表达让我带他到蓝色地毯上休息，而不是用身体语言来表示不高兴。我觉得他可以不用去蓝色地毯那边，先放松一下就能完成指定的任务。我告诉他等他完成任务后我们就去。他很听话。

假设东东的"自言自语"和"自己唱歌"这一行为功能以自动增强和逃避两种行为功能为主,在此分享一个案例的经验。

【案例】薇薇是一个4岁的小女孩,喜欢唱歌,对音乐有着极强的兴趣。上课时,在没有音乐的环节,薇薇会出现唱歌、手上伴随舞蹈动作等自我刺激行为。在对薇薇的行为进行功能评估后发现,薇薇的自我刺激主要有自动增强以及逃避两种功能。在与薇薇的家长以及薇薇的个训老师进行沟通时,老师以及家长反馈薇薇对代币比较敏感。

【处理方案】考虑到孩子对于代币较为敏感,于是采用了行为契约。在特殊教育教师来到幼儿园后,影子老师会和孩子商量一个时间点,到时间后会与孩子一起去绘本馆听音乐。在听音乐之前,会与孩子一起总结以及复盘一下孩子在自己的时间段内的表现,并给孩子看一下老师的记录。在听音乐时,孩子需要做到嘴巴安静,同时老师以一分钟一次的频率对孩子进行强化,并告知剩余的时间数。在语言以及英语课上,影子老师则主要辅助孩子跟随老师的节奏以及回答老师的问题,来替代其自我刺激的行为,这样孩子在上课的过程中,也更多地受到老师的表扬。照此方法持续一周后,孩子的自我刺激行为明显减少,课上在老师少量的提示下可以跟随老师一起说单词。

向我的督导老师咨询关于感觉统合失调问题的电子邮件写得很好。希望一切顺利。

▶ **2007年10月24日（星期三）**

妈妈：

我昨天碰到（学区负责特殊教育的）JG老师，她说我们可以继续保留目前在家里的OT训练课程，在幼儿园里另外再加一节OT训练课。她再找一个能来幼儿园给Joey上课的OT训练师，她让我们等她的回复。尽管是不同的方式，但事情总算得到解决了。

她可能会直接打电话给您。她说她要先看一下在幼儿园上OT训练课的效果，然后再决定要不要带Joey去做PT（Physical Therapy，即体能训练）评估。请您告诉我您的看法。

特殊教育教师：

能在幼儿园给Joey提供帮助，无论是什么帮助，都是好事。你对现在的OT训练课程满意吗？OT训练对Joey应该很有帮助，如果你准备继续让Joey接受OT训练课程，就应该申请增加一次OT训练课程。在Joey现在这个年龄，时间太宝贵了，不能浪费。

M老师说Joey上午状态不好，只好让一位助理老师带他去外面活动了25分钟左右。上课时，他得紧挨着M老师，活动的时候Joey还要拽着她。

我陪着他一起做手工。他坐在桌旁完成了老师布置的作业。在老师示范和讲解时，他很难安静下来。

▶ **2007 年 10 月 25 日（星期四）**

妈妈：

让我和 JG 老师商量一下。感谢您的大力支持！

很抱歉 Joey 昨天表现不好。我觉得其中一个原因可能与他的便秘有关。他现在的饭量是夏天时的两倍，但他排便的次数似乎不够。今天下午他去洗手间排便了，出来后显得开心多了，也平静多了。

特殊教育教师：

尽管今天天气不太好，但 Joey 正常参加了晨课并完成了他该做的功课。在晨课和做功课前，我带他去了体育馆。他今天集中注意力的时间比平时短，休息和适当的体育活动对他有一些帮助。

昨天我也有同样的感受。我也注意到他便秘了，我鼓励他去洗手间。他在幼儿园卫生间里试着坐在马桶上，坐是坐得很好，但他拉不出来。他有排气的现象，所以我知道他有点便秘。

多喝水有助于缓解便秘。如果他不愿意喝白水的话，让他喝用水稀释过的橙汁也有用。大量的纤维素、牛奶和苹果汁，也可以帮助他有规律地排便。

▶ **2007 年 11 月 2 日（星期五）**

妈妈：

昨天一整天 Joey 心情都很好，也很平静。他终于在下午晚些时间拉了大便，晚饭也吃了很多。

特殊教育教师：

下午上课前我带他去了体育馆。回到教室后，Joey 能全神贯注地做功课。他和其他小朋友一起坐在地毯上，听老师讲了几页故事书。尽管他没有端端正正地坐好，但也没有大声说话。他看起来还挺喜欢这个故事的。他明白我们期望他能好好坐着听故事。

▶ **2007 年 11 月 5 日（星期一）**

妈妈：

这个周末我们过得很惬意。周日 Joey 也有足够的运动量，但他有些流鼻涕。由于一小时的冬令时时差调整，今天早上他 6 点钟就醒了。上学前他在院子里玩了一会儿。

▶ **2007 年 11 月 7 日（星期三）**

特殊教育教师：

Joey 在努力练习当 M 老师讲话时要保持安静。我告诉 Joey 只有他上课时保持安静，我才会带他去体育馆那个铺着蓝色地毯的角落玩。

> **行为分析师评注**
>
> 这里运用了行为干预的强化原理。当儿童做到了期望的行为，如上课保持安静，就会奖励给儿童一个机会做其偏好的活动。
>
> 奖励儿童进行偏好活动的机会，是特殊教育教师在校园工作中特别推荐使用的强化策略。大部分

> 幼儿园或者小学不允许孩子从家里带东西过来或者上课的时候吃东西。特殊教育教师很难用儿童熟悉的玩具或食品等偏好物来进行奖励。偏好活动是值得推荐的强化策略。

在让他跑去体育馆之前,我们练习了不同的技巧。我让 Joey 保持安静,等我一直数到超过 60,他才可以跑到体育馆那边玩。我希望在课堂上使用这个技巧让他增强控制情绪的能力。

▶ 2007 年 11 月 8 日(星期四)

妈妈:

我让 Joey 喝了很多水,希望能缓解他的咳嗽。其实他在家咳得不算厉害。今天早上他还是 6 点钟就醒了。他需要一段时间来适应刚刚开始的冬令时间。

▶ 2007 年 11 月 9 日(星期五)

特殊教育教师:

很高兴终于在周五从 M 老师那里得到了一份不错的汇报。通常每个周五上午 Joey 的表现都不会太好,但今天早上 Joey 完成了他的功课。当他想去蓝地毯角落时,他提出了请求,并等待 M 老师的同意,真是太棒了!我很高兴他能够确定自己想要干什么(去体育馆蓝色地毯角落那里活动),能事先征求 M 老师的意见(用口头语言来表达他的要求,而不是用肢体语言),并进行协商(M 老师说"现在不行"，他问"过一会儿？"）。看起来他非常清楚自己在说什么，并用这种方式来处理被拒绝的尴尬局面。

> **行为分析师评注**
>
> 儿童向成人提要求并等待成人允许，需要儿童具备延迟满足的能力。这是儿童顺利融入集体环境中的一个非常重要的能力。

他的语言表述越来越灵活了。他先说"各位，打扰了！"，然后加入其他小朋友中间，和他们一起用积木铺了一条路。

▶ **2007年11月13日（星期二）**

特殊教育教师：

这周轮到Joey担任班级的"气象预报员"，他每天要给大家报告当天的天气情况。每天早上你能给Joey说一说当天的天气情况吗？这样可以帮助他在班级里做天气预报。

他开始关注M老师在上课时是怎么做的，他能更好地理解并遵守课堂上提出的要求。在他应该听讲的时候，他还是会自己唱歌或自言自语。然而<u>当我把食指竖直放在嘴上，给他一个严厉的警示时，他的声音马上会变小</u>。走路时，大部分时间他都在小心地"走"，他知道在教室里不能乱跑。上晨课时，他躺在地板上，我告诉他这种行为不可以。我非常严肃地告诉他，没有面带微笑。他好像明白我是很认真的，于是乖乖地纠正了自己的行为。

> **行为分析师评注**
>
> 这里除了给予儿童"食指放在嘴上"的视觉提示外,还让儿童看到了老师严肃的表情。这种后效刺激如果减少了儿童在老师讲课时的自言自语等不恰当行为发生的频率,就属于一种有效的惩罚策略。
>
> 但要注意的是,"严肃表情"对于儿童来说也是一种关注。当我们处理问题行为时,要使这种"惩罚"策略有效,需要确保儿童在其他时候能够得到足够的关注(比如,老师的口头表扬、老师给予的击掌鼓励等语言、触觉、表情等方面的刺激)。只有这样,儿童对于他人关注的"渴望"才不会那么强烈,老师的严肃表情才不会成为"强化物",反而刺激儿童做出问题行为以吸引老师的注意力。

在整节课中,我鼓励 Joey 与其他小朋友用口头语言和肢体语言进行交流。他还是有点害羞,声音很小,其他小朋友听不到他说的话。因为他还不会用眼神进行交流,他还很难与同龄小朋友进行互动。

我想告诉你,今天上午 Joey 的表现很好。不管你今天早上还有上周五在家里做了什么帮助 Joey 的事,都卓有成效!!他今天没有要求去体育馆蓝色地毯的角落活动。

▶ **2007 年 11 月 14 日（星期三）**

妈妈：

谢谢您告诉我这星期 Joey 担任小气象员。我每天早上会提醒他记住当天的天气情况。

从上周开始，Joey 每天都能顺利排便。我觉得这对他帮助很大，我能感觉到他每天心情好多了。

说到早上的活动，我不再让他在床上蹦蹦跳跳了。我挠他痒痒，任由他在地板上滚来滚去，打闹一会儿，这样可以释放他身体上的紧张感。我对感觉系统方面的知识非常有限，但是我会一项一项地来尝试这些方法。

谢谢您宝贵的反馈意见。我觉得我们是一个特别好的合作团队。因为有了您的帮助，我才不觉得自己是一个人在独自承受压力。

特殊教育教师：

看到 Joey 最近在幼儿园的良好表现，我真的难以表达有多高兴！M 老师也有同样的感觉。

今天，Joey 第一次主动跟我说要去洗手间。以前我问他的时候，就算他真的想去，也总是说"不去"。他今天还主动提出想去体育馆蓝色地毯的角落活动。

行为分析师评注

当儿童提要求的语言能力进一步得到提升时，他们能够切实感受到这种能力提升给自己带来的便利与好处。因此，儿童融合教育的重要基础能力是

> 语言沟通能力，使用口语提要求能力偏低的儿童更容易发生问题行为。

在体育馆里他也很好地遵从了老师的指令。他试着双脚在台阶上跳上跳下，协调性越来越好。我训练他踮脚尖来增加脚踝的力量。他现在跑步也更直了。

我们还在练习上课时保持安静。我发现每当需要他闭嘴时，他需要活动身体来取得平衡。他能保持安静的时间比以前长了。

▶ 2007年11月15日（星期四）

妈妈：

听到Joey取得的进步，真是太高兴了。因为有了您的帮助，他学习到如何适应集体生活。虽然后面还有很长的路要走，但至少他已经开始走上正轨了。

作为他的母亲，看到他能睡得好、吃得香，我很高兴。在他沮丧的时候，他会（幽默地）和自己开个玩笑。他笑的时间更多了，在家里几乎都不发脾气了。

特殊教育教师：

今天来了一位特邀嘉宾在体育馆给小朋友们讲故事。我和Joey坐在一起，他能够始终坐得好好地听嘉宾讲故事，没有自己唱歌，也没有自言自语。

▶ **2007年11月16日（星期五）**

妈妈：

今天我特意比平时晚一点去幼儿园接 Joey。我想让他知道，他有可能不是第一个被家长接走的孩子。对他来说学会耐心等待是一项重要的训练。

再次感谢您的帮助。周末愉快！

（感恩节假期）

▶ **2007年12月5日（星期三）**

妈妈：

我们昨晚回来了。Joey 和妹妹阿雅在旅途中表现得都很好。我们没带什么玩具。他们读绘本、画画，自得其乐。我真的觉得 Joey 长大了。Joey 可能需要 1~2 天才能重新完全适应幼儿园的生活。希望他和以前一样喜欢上学。

特殊教育教师：

欢迎你们回来！Joey 今天在幼儿园表现得很好。他没有忘记幼儿园里的各种规矩，并且听从了老师的各项要求。

妈妈：

很高兴听到他今天表现不错。期待后面几天也能表现得好一点。

▶ **2007 年 12 月 6 日（星期四）**

特殊教育教师：

Joey 今天在幼儿园里积极参加了所有的活动。

圣诞老人来幼儿园了。Joey 在体育馆听圣诞老人说话时有点坐不住。在其他小朋友排队等着拿圣诞礼物时，我带他去室外稍微走动走动。

行为分析师评注

　　经过三个月的帮助与自己的努力，东东整体上融入程度好了很多。对于在圣诞老人讲话时坐不住的情况，很可能是他对新事物的接受速度慢导致的。

　　国内很多儿童在幼儿园融合的时候也存在类似的情况，如，本来儿童很喜欢看视频，但是对于某些新的视频接受不了或感到害怕，儿童就会有坐不住或逃离的行为表现。针对谱系儿童对新物品出现非预期的恐惧，可通过逐渐脱敏的方式帮助儿童适应环境中的外部刺激。具体操作如采用从远距离到近距离，从短时间到逐渐延长时间的方式，在呈现儿童反感物品的同时，给予儿童喜欢的物品。通过这种方式儿童会逐渐在相对愉快的环境中没有情绪地适应之前有些恐惧的物品，直到无须呈现喜欢的物品时也可以接受之前反感的物品，从而完成整个脱敏的过程。

▶ **2007 年 12 月 7 日（星期五）**

特殊教育教师：

Joey 今天试着用他自己的语言和小伙伴进行交流，一起分享玩具。

他开始下意识地讲英语了。

▶ **2007 年 12 月 19 日（星期三）**

妈妈：

今天我见到了学区负责特殊教育的 JG 老师，她为 Joey 安排了明年 1 月 3 日召开的会议。会议定于早上 9:15 在幼儿园里举行，M 老师也会应邀参加。

因为 1 月 3 日是星期四，我不确定 Yumi 老师能否参加。我想每位帮助过 Joey 的老师很快都会收到 JG 老师的会议邀请。

希望这次会议后，我们能在幼儿园里获得另一个 OT 训练课程。JG 老师会给幼儿园打电话确认这次会议的时间。

特殊教育教师：

你知道这次会议的议题是什么吗？

今天 Joey 和不同的小朋友一起玩乐高积木。他们建了个地下室，并一起玩了一会儿。玩的时候，他们没有说什么。但当他们彼此从另一个人手中接过乐高组件时，他们会描述下一步准备干什么，或者说"谢谢"。

（圣诞、新年假期）

▶ **2008年1月2日（星期三）**

特殊教育教师：

新年快乐！新年假期过得怎么样？Joey的假期生活过得好吗？谢谢你的来信。我也（从学区那里）收到了同样的信。

今天Joey见到我非常兴奋，过了好一会儿，才慢慢平静下来。他很热情，也很黏人。尽管他浑身充满了活力，但是他还是能按照M老师的要求去做。他记得我们假期之前在幼儿园进行的训练。

▶ **2008年1月3日（星期四）**

妈妈：

谢谢您来参加会议。我丈夫看到Joey和您一起在教室和体育馆里很高兴。下周二我见到OT训练师时，会转告您的留言，并向她要E-mail地址。

我们这个假期很开心。Joey学会了在不需要别人帮助的情况下自己游泳，还第一次尝试了滑冰。他特别喜欢。

顺便提一下，我们已经开始训练他伸直左脚走路。也麻烦您在体育馆带他活动时能提醒他注意。非常感激您的帮助。

周末愉快！

> **行为分析师评注**
>
> 儿童家长与幼儿园老师及特殊教育教师及时沟通，并按照同样的方式支持、帮助儿童获得某项能力，对于儿童快速进步十分重要。

▶ **2008 年 1 月 4 日（星期五）**

特殊教育教师：

今天我们有一段时间在体育馆的蓝色地毯角落那里活动。他身体里的能量非常高，上故事课时不停地跑来跑去。我让他坐在我的膝盖上，一上一下地活动，这样他在听老师讲故事的时候，就不再讲话了。你是怎样提醒他要伸直左脚走路的呢？他现在单脚可以站立 5 秒钟了。

▶ **2008 年 1 月 8 日（星期二）**

妈妈：

今早我略微早一点叫醒他，让他能在上学前有一点时间活动活动。我们先看看这样是否有效。

特殊教育教师：

Joey 今天表现很好。做手工的时候，他能始终坐在他的小椅子上。上"描图 + 填色"课时，他能更专注，能用更多时间来阅读图纸。

▶ **2008 年 1 月 9 日（星期三）**

特殊教育教师：

很高兴今天上午与你聊了几句。我对 Joey 的 OT 训练有了更多的了解。今天 Joey 没有蹦蹦跳跳，但动作有点慢。在老师讲故事和自由活动时间（小朋友们坐在地板上），他把头搁在地板上。今天上午在课堂上他也无法集中精神。我们和他说话时，他一点反应都没有。

我们需要碰一下他的身体，他才会有反应，才开始涂颜色做功课。

▶ **2008年1月10日（星期四）**

特殊教育教师：

M老师告诉我，今天上午Joey显得亢奋好动。课堂上，他有些功课没有做完，后来我和他一起补上了。一旦他决定去做一件事情，他就会做得很好，但是他需要一点时间才能进入状态。

现在Joey会用更多的英语单词与老师、小伙伴和我进行语言交流了。我让他在和同学们说话的时候，先叫小朋友的名字，这样其他小朋友就知道Joey想和他（她）说话。对Joey来说，和人说话时用目光进行交流，仍然有很大的难度。

行为分析师评注

> 在集体环境中，儿童向他人发起语言交流时，先叫他人名字（并看向他人）非常重要，这样可以确保他人知道孩子在同他（她）讲话，从而能够及时地做出回应。文中，东东目前还不能在与他人讲话时维持目光对视，因此，发起对话前，先叫他人名字得到他人的注意显得更加重要。

▶ **2008年1月15日（星期二）**

特殊教育教师：

你那天给我OT训练师的邮件地址后，我就给她发了封邮件，但是一直没有收到回复。不知道她是否收到了我的邮件？如果她没收到，我想再发给她。也麻烦你转告她，请她发邮件给我，这样我们就能联系上了。我的邮件地址是：××××。

我觉得只有精神科医生才能解答你昨天问我的问题：为什么Joey在上故事课时，总是要自言自语？为什么在他的成长发育过程中有不平衡的问题？你有没有预约医生为Joey进行诊断？

妈妈：

1. OT训练师说，她没有收到您的邮件，有可能是被误删了。她说麻烦您重新再发一次。

2. 我一直在思考这两个问题，今天早上碰巧和Joey同学的妈妈也聊到这个问题。我注意到，当孩子们对某些事情感到紧张时，他们倾向于用身体语言表现出来。这可能是孩子共通的倾向。比如Joey听不懂老师讲的故事，他就会在故事课上不断地自言自语。

我在想，我们是否可以尝试一种新的方法，不去过分关注Joey是不是有身体感觉统合失调的问题，而是先找到让他紧张的原因并帮助他。如果可能的话，能不能请您提前花几分钟时间，先帮Joey预习一下M老师在故事课上准备读的绘本故事？如果您下午来，可不可以帮Joey复习一下上午读过的内容？我很想看看通过帮助Joey预习或复习绘本故事的内容，能不能疏解他因为听不懂而造成的紧张情绪。迫切想知道Joey对这个新尝试会有什么样的反应。

当然，他还是需要进行一些身体上的活动。能不能请您继续带他到体育馆活动身体，但同时也能帮忙试试这个新方法？

下面这两件是Joey的作品。他能直接用剪刀剪出这个图形，不是先画出图形再剪下来。现在他能轻松地使用剪刀了，而且非常喜欢用剪刀剪东西。

楼梯剪纸　　　　　车型剪纸

我希望通过让他提前大致理解故事书内容的办法，帮助他在上课时听懂老师读的故事，进而帮助他更放松且安静地坐着听课。不知道您怎么看？我会和班主任 M 老师也交流一下这个想法。

▶ 2008 年 1 月 16 日（星期三）

特殊教育教师：

我会再发一次邮件给 OT 训练师。

有关你问我的 Joey 发展不平衡和他自言自语的问题，这些行为影响了他日常的社交和学习，是神经学层面的问题。有效的干预治疗应该从诊断开始。我们没有必要靠猜测来寻求答案，很多医生是这个领域的专家。

Joey 每天在幼儿园要学习很多东西，对他来说，可能太过多了，也许并不适合他。这两个星期他的情况不太好，我不想让这种情况持续太久。

我愿意做任何事来帮助 Joey，但是我每天只有一个半小时和他在一起，可能他一整天都需要一对一的陪伴。

在尝试新方法前，我们和 M 老师、Yumi 老师（言语训练师）会一起商量一下。否则，让 Joey 做超出他能力的事是不合适的。这可能是他的表现方式，他已经接受了太多的测试和行为方面的干预了。

▶ 2008 年 1 月 17 日（星期四）

特殊教育教师：

我昨晚把给你的邮件同样发给了 OT 训练师，希望她能收到。

你觉得我说的关于进行孤独症诊断的事情怎么样？如果对诊断这个事情有什么疑问，请告诉我你的顾虑和担心。

我认真读了你写给 M 老师的信。谢谢你和我分享这些。

▶ 2008 年 1 月 18 日（星期五）

妈妈：

我会打电话给 OT 训练师，提醒她收看您的邮件。我知道您试着和所有与 Joey 有关的老师沟通来帮助他，但有时候各方面并不配合，让您非常失望。非常感谢您一直以来的努力和耐心。

我和 Joey 一起回顾了他今天在幼儿园的生活。他说："我不再喜欢去体育馆蓝色地毯的角落了。"可能他想表达的并不是这个意思，但他解释不清楚为什么他不喜欢去了。他给我复述了 M 老师上课时讲的话："我们已经学习了很多和数字有关的内容了，我们做点别的事情吧。"至少他知道需要去做什么和怎么做。他还给我介绍了他的小伙伴：Vito、Joey C、Jose、James 和 Peter。他说他们一起看了一部关于动物园的电影,讲的是一个动物园管理员和动物的故事。我很高兴能开始和他用语言进行沟通。我要求他在我问他问题的时候保持安静。

正如您所意识到的,我一直在避免谈论关于带 Joey 去接受诊断的问题。我知道您把 Joey 当成自己孩子一样来关心,也愿意为了他而做出最大的努力。我希望我能像您一样保持冷静和客观,但是我恐怕做不到。我担心一旦开始这个寻求诊断结果的过程,我会很难控制自己的情绪。

作为他的母亲,我不认为 Joey 有必要现在就接受医学诊断。他有某些方面的弱点,根据不同的定义,也可能称为"残疾"。但是在您和其他老师的帮助下,我已经看到他比以前有了很大的进步。

即便我真的开始这个寻求医学诊断结果的过程,并且有了(孤独症)确诊的结论,我恐怕很难接受,我会继续寻求第二家诊疗意见。作为母亲,我可能无法保持冷静。Joey 和妹妹需要一个快乐的妈妈,我最好把精力集中在家里我能做的事情上:陪他们玩、做些好吃的饭菜等等。

Joey 是个很敏感的孩子。两年前我怀妹妹时被告知可能胎儿患有唐氏综合征,而 Joey 又迟迟没学会开口说话,我情绪非常不稳定并经常失控。那时他总是躲着我。如果现在他和我在一起时感到紧张,我相信这对他在幼儿园的表现不会有任何好处。

我知道如果不确诊他可能无法获得他需要的更多的干预训练服务的时间。如果哪天 M 老师觉得 Joey 情绪失控了,我可以提前接他回家或者给他请假。我相信儿子,我会为自己的决定负责。

我不会带 Joey 去看医生以寻求确诊，但我个人会找心理咨询师，听听专家的意见，帮助我面对目前的困境。

很高兴我们能开诚布公地沟通。您不必勉强同意我的观点，但我尊重并且感谢您的建议。请告诉我您的想法，或者我们下次见面时再谈。

非常感谢！

特殊教育教师：

非常感谢你坦诚地和我分享你的想法和感受。下次见面时我们再继续谈。

说到体育馆蓝色地毯的角落，我觉得 Joey 其实还是非常喜欢那里的。不过最近我们倒是去体育馆少了一点。我不希望他用去体育馆这件事来逃避他不喜欢做的事情，所以我最近减少了去体育馆的时间。

> **行为分析师评注**
>
> 逃避是最常见的问题行为之一。文中特殊教育教师不想强化儿童的逃避课堂的行为，所以减少了去体育馆的时间。如果每次东东不想做课堂作业或者遇到不喜欢的课时，老师就带东东去体育馆，就会强化他逃避课堂的行为，进而使他的问题行为不减反增。

当 Joey 表现良好的时候，他如果想去我会高兴地陪他去的。当然，有时因为有别人在使用，我们也不能随时都使用体育馆。

如果 OT 训练师还没有收到我的邮件，她可以给我发一封邮件，或者我发同样的邮件给你，通过你的邮箱转发给她。

我能理解你害怕听到真相的心情。全世界任何一位母亲遇到你这样的情况，都是一样的。这不是件容易的事，没有人能在这样的情况下保持冷静。这是个接受的过程。我尽快和你私下见面再谈。

周末愉快！

▶ **2008 年 1 月 22 日（星期二）**

特殊教育教师：

幼儿园里每周都会轮流推出一个"本周小明星"活动，很快就要轮到 Joey 了。他会被问到下面这些问题：

你最喜欢什么颜色？

你最喜欢什么动物？

你最喜欢什么食物？

你最喜欢什么运动？

你最喜欢幼儿园的哪项活动？

你的家人都有谁？

我想 Yumi 老师已经开始和他准备这些问题了。你在家里可以和他复习一下。

今天 Joey 能按时完成老师安排的功课，但在大家围坐在地板上听故事时，他需要坐在我膝盖上才能坐得住。我需要不断引导他注视老师、听老师讲课，后来他也需要我的不断鼓励才能按时做完功课。

他最近总希望多讲话，我给他示范了几个句子，他重复练习了这些句子。我还让他先称呼小朋友的名字，再开始和别人对话。

他今天很喜欢去体育馆蓝色地毯的角落。

到目前为止，我还没有 OT 训练师的消息。如果她还是没有收到我的邮件，你可以把你的邮件地址告诉我，我看看能否先把邮件发送给你，你再把我的邮件作为附件转发给她。你能不能用你的邮箱给她转发试试？

▶ 2008 年 1 月 24 日（星期四）

妈妈：

我昨天和学区的 JG 老师交流过了，还给您发了封邮件。她说她会尽快打电话给您，讨论一下 Joey 最近的行为表现。她还说她会为 Joey 订购一个垫圈，帮助他安静地坐在地板上。

我听说 Joey 将来要上的学区公立小学的老师将对他进行正式和非正式的评估，评估完以后再开会讨论决定 Joey 是否有资格在下一学年继续接受干预训练服务。

我还听说现阶段并不需要进行医学诊断就可以申请下学年的服务。我有机会和 JG 老师私下沟通了一下情况，我向她咨询了关于带 Joey 去看专科医生的看法，她建议我们等学区公立小学和学区安排的精神科医生提供的评估结果出来以后再做决定，这个问题我们下周一再谈吧。

行为分析师评注

儿童的诊断对一个家庭影响巨大，从确诊到能够接受诊断是一个漫长和非常不容易的过程。对于接不接受诊断，每个家庭对诊断的判断不同，重点是不要耽误儿童的干预训练。权威医生诊断的必要性在于，明确的诊断可以使干预训练更有针对性。

东东在美国即使没有接受过诊断，负责定期体检的儿科医生或幼儿园老师发现问题以后，可以建议家长向政府部门申请评估并派驻特殊教育教师主动干预，并且也会有地方财政作为经济支持，所以干预非常及时且有针对性。

但在国内，目前的情况却完全不同。一般是幼儿园老师发现儿童有问题后，建议家长带儿童去看医生并寻求诊断。如果家长不予重视或犹豫不决，不带儿童就医的话，儿童就很难得到来自社会的有效支持和帮助，甚至被委婉地要求退学。

国外基本上是政府部门和特教专家牵头协调各方资源来帮助儿童，家长只要配合即可。国内的情况是，要想使儿童得到有效的支持，牵头协调各方面资源的是家长。而家长根本不知道自己的孩子怎么了，需要什么样的帮助和支持。如果家长不去寻求权威医生和专家的诊断和意见，很容易走弯路，耽误儿童的早期干预训练。

家长在儿童确诊时，通常缺乏必要的相关知识。他们特别需要专家详细分析儿童的问题并提供

> 专业指导。特殊教育教师在做儿童行为评估时，也会尽力给家长科普孤独症知识，并针对谱系儿童的类型，说明诊断的依据以及目前适合儿童的干预方式，以帮助家长有效应对。

我觉得今天 Joey 放学时很不开心。他甚至要求待在家里，而不是像平时一样去 Mema 家的地下室玩（注：Mema 是称呼奶奶的儿童用语。这里的 Mema 是指隔壁的邻居，她每周有一两次帮着照顾 Joey 和妹妹）。在妹妹阿雅去 Mema 家玩的时候，我带 Joey 去公园的儿童乐园玩了一会儿，还在周围街上走了很长一段路，帮他放松。

正如您所说，他想坐在您腿上，让您紧紧抱着他。可能您说得对，他需要感觉系统的信号输入。然而，我认为他正在经历一个成长的阶段，他想要一种依恋的感觉。在家里，他变得更调皮，开始用拥抱妹妹、坐在他爸爸腿上、亲吻我等方式，来表达他的情感。在婴幼儿阶段，他拒绝别人抱他。他花了很长时间才有这种比较亲密的表现，我很高兴看到他像一个正常的小孩子了。

但同时我也意识到他变得越来越情绪化。临睡前，我和他回顾一天的生活时，他说："今天没有去体育馆蓝色地毯的角落，我再也不想去了。"然后眼泪就掉了下来。我猜他想要表达的意思是："我想去体育馆蓝色地毯角落，但老师不让我去。"我相信您的判断，也同意不能让 Joey 用去体育馆作借口而逃避该做的功课。我想说的是，当他被告知不能去的时候，他可能感觉自己受到了伤害，变得非常情绪化。

他还提到 Vito 生病了，并重复了可能是 M 老师说过的话："这种事情经常发生。"然后他突然说他不想去幼儿园了，幼儿园已经关门了。

坦率地说，看到他对某个人产生了一种亲密的感情，我们很高兴。以前我们主要帮助他用语言提出要求，现在他可能有更多的表达欲望，但可能因为不能很好地表达自己的感受而感到非常沮丧。我想帮助他，如果您有什么好的建议，请您告诉我。

祝您度过愉快的一天！

特殊教育教师：

即便我延迟了带他去体育馆蓝色地毯角落的时间，我也总是给他一个机会，让他可以自己选择还要不要去。我们必须给他自己能做选择的感觉。最近他经常在自由活动时间不愿意离开房间。他昨天没有去体育馆，是因为所有小朋友昨天下午都外出活动了。他已经有了充分的活动时间。

我们需要决定他应该参加哪些活动，哪些活动能帮助他在幼儿园正常上课。

我收到了你的两封邮件，但你好像没写你和 JG 老师详细的谈话内容。

▶ **2008 年 1 月 25 日（星期五）**

妈妈：

我相信您的判断。您把 Joey 当成自己的孩子来关心。对您的大力帮助，真是感激不尽。

Joey 又有两天没有排便了。今天他可能需要上洗手间。

特殊教育教师：

M 老师告诉我，今天上午 Joey 一直拒绝做功课，总是说"No"。

下午他按时完成了他的功课，但他没有上厕所。他不停地数数，并且很难安静地坐下来。他说他想去体育馆蓝色地毯的角落。我问他是想和小伙伴们一起去室外，还是想去体育馆？他说："我想先去室外，然后去蓝色地毯那儿。"我说："我们没有那么多时间又去室外又去那边，你只能选择一个。"他说："去室外。"

同学们排成一列走回教室。Joey 把帽子戴得很低，遮住了他的视线。我告诉他，他一定要看清楚，他就闭上了眼睛。我告诉他排队走路时一定要睁开眼睛，闭上眼睛走路很危险，这是个安全问题。你能不能告诉他，在幼儿园走路时一定要睁开眼睛看路。

▶ **2008 年 1 月 28 日（星期一）**

妈妈：

昨天我给 Joey 吃了一点缓解便秘的药，然后他去了洗手间，顺利拉了大便。

▶ **2008 年 1 月 29 日（星期二）**

妈妈：

抱歉，我昨天早上忘记把日记本送到幼儿园了。谢谢您安排这次会议。我今天会打电话给学区的 JG 老师，希望她能就 Joey 的身体感觉系统发育情况和注意力问题，给我一些建议。我会确保 Joey 尽快有个新的坐垫（帮助他安坐）。

特殊教育教师：

今天是祖父母节。我和 Joey 坐在一起。

▶ **2008 年 1 月 30 日星期三**

妈妈：

1. 我接到了学区安排的精神科医生（会日语）打来的电话。我们都觉得，在幼儿园里进行评估比在家里好。妹妹阿雅可能会干扰评估。医生会给幼儿园打电话，看看幼儿园方面能否提供一个相对安静的地方，我会安排人来照顾妹妹，然后去幼儿园和他们见面。我会把详细的时间计划通知给您。

2. 我打了电话给 JG 老师，她建议我们先试用她那里的一个新坐垫，她说下午会把坐垫带来，明天您在幼儿园会看到。接下来的问题是如何使用它。如果您想让我先在家里试用，我也很乐意。明天见到 OT 训练师我会问她一下。

3. Joey 睡觉前去洗手间大便了。从上周五开始，他每两天左右就能排便一次。我继续给他吃一点缓解便秘的药，看能不能帮他保

· 165 ·

持这个频率。

4. 抱歉我完全忘记了幼儿园今天有祖父母节的活动。早上我只想着给 JG 老师打电话了，忘了通知您。谢谢您对 Joey 的帮助。

特殊教育教师：

我试着用小写字母又给 OT 训练师的邮箱发了邮件。不知道她最终能否收到你或我的邮件。很高兴听到可以用日语进行心理评估。

Joey 今天表现得很好，注意力非常集中。你能不能在日历上记录一下 Joey 排便的日子（包括在家里排便的时间）？我会告诉你他在幼儿园的情况，这样我们就可以观察他的日常行为和便秘之间的关系了。这些记录将来对 Joey 上小学会有帮助。我会告诉你他每天在幼儿园有没有大便，你可以把这些信息记录在同一个日历上。你觉得呢？

> **行为分析师评注**
>
> 使用 Scatterplot（散布图）记录某个行为发生的场景、时间等，可以帮助我们判断是否该行为与某一活动（或者某位老师、某个时段等因素）存在可能的相关关系，进而帮助我们确定如何更好地应对某一问题行为。
>
> 其实特殊教育教师建议使用日历记录排便时间只是想确定便秘是否与东东的日常行为问题之间存在相关关系，从而帮助家长和老师更加自如地应对孩子日常出现的行为问题。如果特殊教育教师发现家长有焦虑情绪，同时又需要家长独自完成某件事

> 时，可以手把手地先教家长如何做，告知家长为什么这样做，并与家长一起分析所得到的数据，给家长多一些后续的支持和沟通。

我给 Joey 示范怎样用语言请求别人允许自己做某事，怎样和小伙伴一起共同使用玩具材料，怎样进行正常的交流。他最近说话自然多了。

（东东在幼儿园接受了学区安排的心理评估，以判断他是否需要在学前班接受干预训练。）

▶ 2008年2月1日（星期五）

特殊教育教师：

你肯定也知道这个心理评估只是教育系统内的一项评估，不是医学评估，它不会给你一个正式的医学诊断。Joey 在申请现在这个干预训练服务时，他一定曾经做过一次这样的评估。

今天 Joey 成为"每周小明星"，并可以把泰迪熊带回家，对此他感到非常兴奋。我听说你今早（在幼儿园评估时）很伤心，希望你现在好一点了。我星期一和你见面再谈。如果周一之前需要我帮忙，请直接给我打电话，我们可以在电话里谈。

Joey 今天有排气现象，估计是便秘了。但他与其他小朋友围坐在一起听老师讲故事时，老实地坐在地板上。他今天没说想去体育馆活动的事。最近这两天，他提出要去体育馆时，那边有别的活动，所以我们没去成。

▶ **2008年2月3日（星期日）**

妈妈：

Joey周日晚上拉了大便，但是比平时晚睡了30分钟。

我们带他去了我也参加演出的钢琴演奏会。他坐了45分钟而且没有打扰别人，当然他还是需要有人不断提醒他。我们把食指放在嘴边，提醒他要保持安静。对我们全家每个人来说，这是一次美好的经历。

▶ **2008年2月6日（星期三）**

妈妈：

即便吃了一点缓解便秘的药，Joey还是不能正常排便。我可能需要增加一点药量，或逐渐改变他的饮食结构了。

他今天还在流鼻涕，并有些咳嗽。下午如果您觉得他在幼儿园看上去很疲倦，麻烦您替我与M老师商量一下，是否可以让我早点接他回家。如果Joey表现得还可以，又不想回家的话，我就按平常同样的时间来接他。

我已经在为下个月的学区会议准备资料了。我会及时通知您进展的情况。

特殊教育教师：

Joey今天在幼儿园里小便了，但没有大便。他还有些咳嗽，但今天总体表现不错。

他把坐垫放在椅子上和地板上用。今天下午他坐得挺好。我问老师今天上午他用这个新坐垫有什么反应？老师说他把坐垫放在地板上时，会表现得好一些，但放在椅子上时，还是不行。他坐在椅子上一边玩一边挪动坐垫，老师觉得这样不太安全。我明天再多留意一下。OT 训练师收到我的或你转的邮件了吗？

▶ **2008 年 2 月 7 日（星期四）**

妈妈：

谢谢您这么耐心地和每一位工作人员沟通，包括 OT 训练师。衷心感谢！她说她还是没有收到我们的邮件，她会尽快给您发邮件。我简单地向她咨询了一下关于如何使用这个坐垫的问题，她没有什么特别的意见。

她好像终于相信 Joey 不再需要动手方面的训练了。从昨天起她开始帮助 Joey 练习如何理解并听从指令。例如：他们练习"相同 vs. 不同"的概念，一边看图片一边听一种动物的声音，同时来回答简单的问题。

晚饭后，Joey 终于去洗手间大便了。我在他牛奶里掺了一点药（不是处方药）。如果我增加太多药量的话，他会察觉牛奶颜色有变化。我得好好和他谈谈这个问题了。

▶ **2008 年 2 月 10 日（星期日）**

妈妈：

Joey 星期六有排便。

星期六下午我带他去检查牙齿。医生检查时,我没有陪他进检查室,他没有哭。与 6 个月前的检查比起来,他现在真的长大了。

▶ **2008 年 2 月 11 日(星期一)**

妈妈:

Joey 昨晚没有排便,但他足足睡了 12 个小时。

▶ **2008 年 2 月 12 日(星期二)**

特殊教育教师:

今天 Joey 在地板上不停地打滚。上课的时候他把垫圈放在椅子上坐好。今天我们去了体育馆的蓝色地毯角落,他在那里时一直开心地大笑。我明天要外出。咱们周四再见。

M 老师告诉全班小朋友,那个垫圈是 Joey 专用的,其他人不可以随便动它。

▶ **2008 年 2 月 14 日(星期四)**

妈妈:

Joey 周二大便了。他最近晚上的睡眠时间都超过了 11 小时。

特殊教育教师:

今天 Joey 开心地又是唱又是跑。他开始自己照看自己的坐垫了,甚至坐在椅子上时也要用坐垫。

在自由活动时,我问他要不要去体育馆的蓝色地毯角落,他回答我说"不想"，我知道他是担心那里有其他人，他不能在那里玩。我跟他说，我会先过去看一看。他跟我一起去看，我们发现体育馆空着，他很开心地在那里玩了一会儿。回到教室后他安静多了。

▶ **2008年2月15日（星期五）**

特殊教育教师：

今天 Joey 有点黏人，还有排气的现象。我想他该到排便的时候了。他很难集中注意力上课。他躲开大家，自己一个人去玩拼图。他要去洗手间小便，所以我顺路带他到体育馆玩了一小会儿。

祝你们下周假期愉快！

▶ **2008年2月25日（星期一）**

妈妈：

我想星期三下午放学后送 Joey 去上音乐课。我和 OT 训练师商量请她调整一下周三下午的训练课。不巧的是她其他时间都不行，只能把周三的课程换到周一下午。从这周开始，她会在周一、二过来，而不是周二和周三。她下午 3:45 会来家里指导 Joey。

这次调整与您周一下午在幼儿园的课程没有冲突。不过，如果您能帮忙把周一的课程改到周四或周五的话，那就太感谢了。我担心 Joey 周一同时接受您和 OT 训练师的指导压力会太大。

如果您不方便调整时间，我们可以保持现在的课程计划不变。请您告诉我您的意见。

▶ **2008年2月26日（星期二）**

妈妈：

昨天 Joey 排便了。

特殊教育教师：

今天幼儿园举办了开学 100 天的活动，来配合数字教学，Joey 很开心。他始终很配合地使用着这个坐垫。当他没有便秘时，我确实看到了一种不同的状态。他的身体还需要多活动，但他的精神状态平稳多了，也没有到处乱跑。

> 行为分析师评注
>
> 便秘给儿童身体带来的影响可能是他坐不住、到处乱跑的诱因之一，但根据现有资料不能完全认定这是唯一原因，大概率还有其他原因影响着孩子无法安坐的问题，需要做具体的功能行为评估才能得出结论。

▶ **2008年2月27日（星期三）**

特殊教育教师：

希望你今天访问学区公立小学的学前班（Kindergarten）有很多收获。

M 老师今早不在，听说小朋友们都玩疯了，Joey 也一样。不过等我到了以后，他很快就安静下来，并全神贯注地完成了手工任务。他今天描画了很多图形并涂了颜色，这些都是他平常不会自觉做的。

期待下周一听你讲讲对公立小学的印象。

▶ **2008年2月29日（星期五）**

妈妈：

放学后我带 Joey 去一个室内游乐园玩了一会儿，他非常开心。因为我不能进游戏区，所以实际上是他在照顾妹妹。真高兴看到他们俩在一起玩得很开心。

晚饭后 Joey 拉了大便。

特殊教育教师：

我清楚地看到今天和昨天 Joey 在服从指令方面的差别。今天他愿意待在其他小朋友旁边。他今天的表现好多了。看来能否正常地排便，对于 Joey 的行为表现有非常重要的影响，尤其是在与别人社交/情感交流方面。

▶ **2008年3月3日（星期一）**

妈妈：

Joey 上周六有排便。我昨天给了他一点缓解便秘的药，希望他今天也能顺利排便。

▶ **2008年3月4日（星期二）**

特殊教育教师：

Joey 用桌上的玩具和一个女孩子一起玩儿，他还和男孩们一起搭建了一条赛车跑道。Joey 今天功课完成得不错，他的集中注意力和在不同课程之间转换的适应力都很好。

中间有一阵，他有点调皮，想做自己的事情，但很快就会回到该做的功课上。

在上课的过程中，Joey 没有大声喧哗，而是安静地说话。他还在我耳边轻声说："你好吗，Hitomi？"真是太可爱了。我低声回答他说："我很好，谢谢！"

▶ 2008 年 3 月 7 日（星期五）

妈妈：

Joey 能遇到您真是太幸运了。您像关心自己的孩子一样关心他。作为他的妈妈，我真是感激不尽。

昨天午饭后他拉了大便。我们一起去公园玩了一会儿。昨晚他睡得也很好。希望这些能对他的行为和情绪有些帮助。周末愉快！

特殊教育教师：

我很高兴听说 Joey 昨天下午回家过得很开心。昨天早上总的来说他表现挺好的，但看上去不太舒服。

今天我鼓励 Joey 多通过语言而不是用手指指指点点来表达自己的想法。他讲英语时，我让他练习使用过去时态和将来时态。

> **行为分析师评注**
>
> 时态混淆或者不加时态直接表达是谱系儿童常出现的问题，这个问题直接影响儿童和他人的沟通。在行为干预中，特殊教育教师会把抽象的时态概念与儿童有关的具体事件联系起来，可以使用

> 之前发生过某事的照片或者即将做某事的图片作为视觉提示，让儿童能够理解并正确进行不同时态的表达。

今天班上有一个生日聚会，Joey 吃了一个巧克力香草冰激凌。一开始他不碰冰激凌上的巧克力，只是吃了香草冰激凌。他说："这冰激凌不错。"我说："我吃了一个和你一样的冰激凌，但有巧克力。"然后他尝了尝巧克力，说："我也在吃巧克力。"我在图书角里给他读了一本书，他很喜欢。他还坐在垫圈上安静地听 M 老师给全班同学读绘本故事。

谢谢你把他的健康状况告诉我，知道这些对我的工作很有帮助。我可以提前了解他可能遇到的困难，这样我就可以有所准备，尽我最大努力帮助他在课堂上轻松地融入集体。

▶ **2008 年 3 月 12 日（星期三）**

妈妈：

妹妹晚上洗完澡后把自己反锁在浴室里了。我们花了 30 多分钟才把她救出来（其实是她自己最终把门打开的）。昨天我们每个人都睡得有点晚。

特殊教育教师：

Joey 很好地完成了功课，但他开始胡闹了，做他自己知道不应该做的事情，例如：在教室里张开双臂一边奔跑一边推其他人；用蜡笔在桌子上乱画；最后他还拉我，拽我的裙子。

我马上阻止了他，他也知道自己有点过分了，把头埋进放东西的小柜子里躲起来。我告诉他，做了错事就应该道歉。我让他选择是继续待在原地不见人，还是来道歉。他过来说了"对不起"，然后很开心地继续去玩了。

> **行为分析师评注**
>
> 　　东东之前是个社交被动的儿童，但是随着社交能力的发展，又变成了主动但不恰当社交的状态。这两种类型并没有绝对的分别，都可以归为社会交往障碍。所以行为干预不仅要让儿童有社交动机，还要训练儿童与不同的人，在不同的情境、不同的时间进行有效的沟通社交。
>
> 　　当儿童已经知道自己做错事了的时候，家长和老师应耐心地给他们时间去面对自己所犯的错误，最终向他人道歉。这对于儿童养成正确的是非观很重要。

▶ **2008年3月13日（星期四）**

妈妈：

他很喜欢昨天的音乐（钢琴）课。

昨天Joey拒绝吃缓解便秘的药，并说他自己没有什么不舒服。今天早上他也不想吃。他看起来还挺开心，不烦躁，挺安静的。

特殊教育教师：

今天 Joey 完成了老师布置的功课，也愿意和其他孩子们在一起。不过他时不时地会与其他小朋友产生分歧，他总是坚持自己的想法。他不小心碰倒了别人正在建造的城堡，但没有说"对不起"。尽管是因为没有注意到，不是故意弄坏小朋友的"城堡"，我还是要求他去对小朋友说"对不起"。后来他又把玩具车扔到半空中，还伸出舌头来舔我。M 老师也看到了，我们对他说"不可以这样"。他知道自己错了，又把头躲进了小柜子里，直到我要求他去洗手准备下一个要做的功课时，他才出来。

行为分析师评注

东东将别的小朋友的"城堡"弄坏、把玩具车扔到半空中，或者伸舌头舔老师，这些行为若经常发生，且影响孩子自己或者他人的学习和生活，那么应列为需要进行干预的问题行为。对问题行为的干预要从系统的功能行为评估（FBA）开始。功能行为评估是一种系统化地识别行为产生原因的评估。评估的结果用来设计干预策略，以帮助儿童减少问题行为，并鼓励他们做出更多适当的行为。

假如评估发现东东伸舌头舔人的行为是为获取他人的注意力，可以采取有针对性的干预策略。

1. 前事干预策略

在问题行为出现之前，给予儿童较多的关注，降低儿童通过问题行为来获得注意的动机。如果是在上课中，可以穿插安排提供较多注意力和较少注

> 意力的活动。这样可以间歇性地给予儿童较多关注，降低儿童通过问题行为获得关注的动机。
>
> 2. 后果干预策略
>
> 教授儿童与目标行为功能相同的适当行为。在儿童出现问题行为后不立即关注儿童，但在儿童做出适当行为后提供高度关注，以增强儿童今后在同样情境下做出适当行为的概率。（区别增强替代行为，DRA）
>
> 感兴趣的读者可以另行阅读有关"应用行为分析"方面的书籍。

我不确定最近他的反常行为是否与他的健康状况有关，他平常也会有伸出舌头像是想要舔别人的样子吗？

今天在幼儿园里，他看上去倒也没有什么不舒服，但是没有往常那样开心。

▶ 2008年3月17日（星期一）

妈妈：

Joey上周六拉了大便。现在我做饭的时候会在食物里多添加一些纤维素。我还在他的苹果汁里加了"养乐多"益生菌，希望情况会逐渐变得好一点。

关于他的不当行为，我们今天下午见面时再谈。

▸ **2008年3月26日（星期三）**

妈妈：

我正在考虑是否让 Joey 去参加夏令营。如果我没记错的话，您说您不准备推荐暑期的训练服务了。我也希望利用这个夏令营作为过渡，帮助他适应在没有您帮助的情况下自己去上学。

开设这个夏令营的教会，离 Joey 现在的幼儿园和我家都很近。这个夏令营主要是娱乐性的，并不是正规的上课，有许多户外活动。我准备给他报上午的班，从 6 月 30 日起，共 6 周。在 8 月的最后两周里，我已经为 Joey 报了 YMCA 的运动夏令营（游泳集训班）。如果方便，麻烦您告诉我，您是否准备推荐任何暑期的训练服务，这样我在报名时，可以和负责夏令营的老师进行沟通。

特殊教育教师：

根据相关规定，我个人不能自行决定是否推荐暑假或者明年的训练服务，但这并不是说，Joey 会或者不会在暑假或明年继续得到服务。周一见面时我再向你详细解释。同时，我把我写的关于 Joey 的书面汇报材料也一同拿来给你看看。

我听说 Joey 今天上午的状态不太好，不停地蹦跶，还推别人。下午花了大概 45 分钟才安静下来。他无法坐下来做功课，我要带他上厕所，他一开始拒绝，但我事先通知他我要带他去，然后他跟我去了洗手间小便，回来后我让他站着画画。

"不停地蹦跶"或"推别人"这些行为若经常发生，且影响儿童自己或者他人的学习和生活，那么应列为需要进行干预的问题行为。首先应排除生理性原因，比如便秘。若不存在任何生理性的不适，那么建议通过系统的功能行为评估（FBA）来判断儿童做出问题行为的动机或者希望达到的目的，然后再设计干预策略。

【目的为"获得有形物品"时的干预方法】假如通过分析，儿童做出该问题行为的目的是获得有形物品，其干预策略还是从前事和后果两个角度来考虑：从预防的角度看，别的小朋友正在玩的玩具，如果东东也有一份，这样就避免了因为想要玩具去推小朋友的行为动机；从后果的角度看，可以帮助儿童通过口语提要求，跟同学表示想玩某个玩具，这样同伴可能会给他玩具，老师也可以帮助协调让儿童获得玩具，从而增加儿童用语言表达方式得到玩具的行为。如果儿童已经推了小朋友，那么这时又无法得到玩具，让儿童意识到无法通过推人获得物品，进而消减这种问题行为。

【目的为"自我刺激功能"时的干预方法】假如这个问题行为是自我刺激，这里分享一个机构干预此类问题的处理方法。

小明是一个三岁七个月大的男童，进入幼儿园前已经经过了一段时间的密集干预训练，语言行为里程碑评估安置计划 VB-MAPP（Verbal Behavior

Milestones Assessment and Placement Program）评估分数达到了三阶能力，障碍评估里的自我刺激、教学控制和感觉防御等项目得分偏高。儿童进入幼儿园后存在一个比较典型的问题就是：无论在区域活动时间、晨圈时间、活动转换时间、室外活动时间，都会用自己的手掌根部去就近敲击玻璃、墙体等，各个活动的参与度都相对较低。在特殊教育教师入园评估前，幼儿园老师反馈，孩子每天的敲击次数和时间都多得惊人，大部分时间都处于这种"自我沉浸"当中。针对此问题，特殊教育教师专门做了行为功能评估，最终确定此行为具有自动强化功能。

根据如上特点，特殊教育教师安排了社交故事和行为技能训练（BST：Behavior Skill Training），具体做法为：大课间给孩子讲在幼儿园教室内、在活动转换排队的教室门口和大厅门口等应该怎么做的社交故事，在排队、活动转换等环节进行行为技能训练。同时，给孩子明确的指示，除在课外活动天台上可以用手掌击打玻璃或墙壁，在教室内、教室外的任何场地均不能击打墙壁。在每天的教学活动和教学活动间隙，特殊教育教师一直预防儿童靠近教室内外的玻璃和墙壁进行敲击，引导孩子在绝大部分时间里都参与课堂活动，并与同龄小朋友进行互动游戏。但是在天台活动区域，儿童无论怎么敲击，特殊教育教师都不会干预。

经过半个月的努力,在特殊教育教师远离的情况下,儿童在教室内外几乎没有用手掌根部敲击玻璃或墙壁的表现,甚至在天台活动区域也很少再敲击了。连续两周此问题行为的发生率为零,此项干预计划彻底完成。

【"缺少社交技能"时的干预方法】假如这个问题行为的出现是因为孩子缺少社交技能,这里分享一个机构处理极端案例的过程。

小芳是五岁半的女童,语言行为能力较强,VB-MAPP里程碑评估除社交和集体技能外基本都达到了满阶水平。在幼儿园期间,儿童存在打幼儿园小朋友和老师的行为,已经连续退园3次。进入新的幼儿园后,有了特殊教育教师的陪伴,进园后特殊教育教师和督导老师对儿童进行了日常行为评估,儿童在他人碰到自己、要求得不到满足时均会出现脚踢或用手击打对方头部的行为表现,每天发生10次以上。

经过评估,判定儿童因社交技能不足和自控能力弱导致出现攻击行为问题,特殊教育教师开始逐步帮助儿童。初期使用诸如视觉提示、讲社交故事和BST行为技能训练等方法,儿童在幼儿园的表现并没有太明显的改善,甚至在特殊教育教师帮助儿童的时候还会有击打特殊教育教师的表现。后期,在寻找强化物过程中,特殊教育教师发现儿童对解放军相当执迷。于是特殊教育教师首先将自己与解放军进行匹配，向儿童阐明自己曾经的军人身份，并给儿童表演军体拳和各种战术动作，短时间内小芳对特殊教育教师的指令服从度明显提高。关系搭配初见成效后，特殊教育教师便使用新的社交故事，引入军人的元素，教儿童如何在学校里正确表现，遇到别人碰到自己和老师提要求时应该怎么办，并在实际环境中进行 BST 行为技能训练。两周后，在特殊教育教师的帮助下，儿童在幼儿园的攻击行为明显减少。后期，特殊教育教师进一步引入行为契约，帮助小芳管理自己的行为，孩子的问题行为进一步减少。

妈妈：

今天放学回来时，我发现 Joey 太兴奋了，身体稍微有点发热。他说他还是想去上音乐课，我就带他去了。

我问他是否愿意再试一下吃点药来帮助排便，他回答："不要。"我建议他再多喝一杯牛奶，在睡觉前吃点小零食，他很听话，并答应再坐在马桶上试试。果然在睡觉前他顺利地排了便。

最近我真的感觉到他的成长了。虽然他仍然不能解释为什么他不愿意用幼儿园的卫生间，但我们开始通过语言沟通来解决便秘这个问题了。

至于后续的训练服务，下周一我们再谈吧。我今天准备给他报名参加夏令营了。

▶ **2008 年 3 月 27 日（星期四）**

特殊教育教师：

是的，Joey 长大了。他似乎更了解自己的身体状况了。今天早上，他要求我做的第一件事就是带他去体育馆。我们去了。他在地毯上跑了几圈就回来了。当我提醒他时，他会把坐垫放在地板上，后来又放在椅子上坐好。他似乎更能把握自己的选择了。很高兴看到 Joey 能用更多的语言进行交流。我们现在要做的，是更多地练习，鼓励他分享自己的想法和感受，并表扬他为此付出的努力。但我们要设定好边界，我们可以和他谈并尊重他的意见，但不需要全部听他的。

> **行为分析师评注**
>
> 谱系儿童普遍存在表达想法和感受的障碍，这是谱系的核心障碍之一。在儿童具备一定的先备技能，比如提要求后，就要帮助儿童训练对自己想法和感受的表达。在初始阶段，可以在明确儿童的动机后，由老师或家长将儿童当前可能的感受和情绪用语言描述出来，并鼓励儿童通过仿说学会表达自己的情绪和想法。

▶ **2008 年 3 月 28 日（星期五）**

妈妈：

我和负责夏令营的主管老师交流了一下，看来我可以把 Joey 和妹妹一起送进他们的混合年龄组。我今天会去儿科医生那里拿妹妹的疫苗记录卡，然后去给他们俩报夏令营。

特殊教育教师：

老师告诉我，今天早上 Joey 状态很不好，一边乱跑还一边推别人。他一看见我，就扑到我怀里，拉我坐下来。我就知道，对他来说这又是一个焦躁不安的早晨。

我告诉他，涂完蓝颜色后就去上厕所，他按照我的要求做了。然后回到课桌旁，并要了他的坐垫。当我重复告诉他什么样的行为是可以接受的之后，他就安定下来了。他一旦明白了我的要求，就能集中注意力，并且非常努力地完成他的功课。我鼓励他用三个手指拿住蜡笔，尽管这对他来说不容易做到，但他还是照着做了。

我发现 Joey 总是对我说"亲爱的"，比如："现在不行，亲爱的""以后再说吧，亲爱的""不错，亲爱的"，他甚至对其他小伙伴也这样说。我问老师，有没有人称呼他"亲爱的"？我认为他还不知道在什么时候、对谁，可以称呼"亲爱的"，现在不应该对他使用这个词。看起来，在他的语言系统里已经有了"亲爱的"这个词。他也用这个词来对你说话吗？如果身边有谁叫他"亲爱的"，请告诉他们不要这样称呼他，他会不自觉地进行模仿。

> **行为分析师评注**
>
> 显然"亲爱的"是成年人之间或者成年人对孩子使用的词汇，儿童使用"亲爱的"称呼别人并不合适。因此，按照之前老师教东东的，"先称呼他人名字，表明当前想要与谁说话"是更适当的方式。

2008年4月3日（星期四）

妈妈：

昨晚我参加了一个关于"多动症"（ADHD）的研讨会，获得了不少好的信息。我们下周一再谈吧。

昨晚和今早Joey都试过排便，但没能成功。在解决便秘这件事上，他现在变得很容易沟通，而且更平静了。昨晚他睡了11个小时，希望今天对他有帮助。

特殊教育教师：

Joey跟我说他不想去玩，我建议我们一起读一本书，他听从了我的安排。他今天很难坐下来做功课。我让他休息了一会儿，等好一点再回来做。他最终顺利地完成了功课。

他今天想一个人待着，以他最近的情况来看，这显得有点不正常。他一直在打哈欠，把头靠在桌子上或我身上。

公立小学学前班的所有老师今天都来看明年要去上学的孩子，他们在教室里待了一会儿。

妈妈：

晚饭后，Joey总算顺利地排了便。下周三（9日）幼儿园放假，我预约了儿科医生，准备带他去做体检。Joey开始和我们谈论他在幼儿园的小朋友们，还想和他们约了一起玩。

> **行为分析师评注**
>
> 鼓励并支持儿童主动地使用语言表达自己的需求，并在适当的情况下满足儿童的需求，是一个需要长期坚持的事情。只有主动表达得到了满足，儿童才会继续主动表达。主动表达自己的需求也是与他人进行持续性对话必要的能力。

> **妈妈注**
>
> 这是东东入学以来第一次主动提出想约小朋友下课一起玩。此时他已经快 5 岁了。我记得我当时马上约了对方小朋友的妈妈安排他们一起玩。结果他们在一起基本上还是各玩各的，东东的语言能力还达不到一边对话一边一起玩的程度。不管怎样，表现出想和小朋友一起玩的兴趣对东东来说已经是很大的进步了。

▶ **2008 年 4 月 4 日（星期五）**

特殊教育教师：

我听老师说 Joey 今天的表现很好。他和小伙伴们用乐高建了一个动物园。我叫他去小便，他也很听话地去了。4 月 11 日是星期五，我想给孩子请一天假。

▶ **2008 年 4 月 16 日（星期三）**

妈妈：

Joey 和 OT 训练师集中上了两节课。OT 老师告诉我，Joey 注意力很集中而且在努力地使用语言交流。他的发音更加清楚了，他看起来对语言交流也更有信心了。

这周一、二两天 Joey 都没有排便。昨晚他看上去并没有特别不舒服，我就让他尽量早点睡，没有强迫他去厕所。

今天天气特别好。祝好！

特殊教育教师：

我听幼儿园老师说今早 Joey 的状态非常不好。上课时他根本坐不住，不肯做布置的功课。我让他看看其他小朋友是怎么做的，帮助他也开始做。他回到了应有的状态，而且完成得很好。我表扬了他，他终于露出了开心的笑容。

> **行为分析师评注**
>
> 根据文中对东东的描述，特殊教育教师主动尝试与主班老师沟通，当特殊教育教师上午不在的时候，主班老师可以在方便的时候提醒并鼓励儿童参与到学习任务中，帮助孩子更独立、开心地在集体中学习和生活。

他和小朋友们一起玩的时候，我问了他好几次是否要去上厕所，最后他才去了厕所，然后就轻松多了。他坐在桌子旁边玩橡皮泥，还和其他小朋友们相互分享不同颜色的橡皮泥。在我的示范和指导下，他能用口头和肢体语言与其他小朋友互动。

▶ **2008年4月17日（星期四）**

妈妈：

我晚上去幼儿园参加了一个会议。Joey 和妹妹睡得有点晚。晚饭后他拉了大便。

特殊教育教师：

看起来便秘比缺乏睡眠，对他行为举止的影响更大。当我走进教室，看他是过分地黏人，还是像今天早上一样打完招呼后立刻放我走，我就知道他这一天会过得怎样。

今天上午他很开心。尽管对他来说用三根手指（拇指、食指、中指）握住蜡笔还是很困难，但他在努力。和小朋友们一起玩的时候，他会分享自己的想法。因为他们每个人都有自己的想法，所以他们需要相互沟通和妥协。Joey 的想法并不总是被其他小朋友接受，但他会继续努力说服大家同意他的想法。

> **行为分析师评注**
>
> 学习相互沟通和妥协也是社交技能中重要的一项。很多谱系儿童无法在游戏中面对输赢，如果输了或者将要输了就会情绪爆发，导致破坏社交关系。让儿童学习妥协和正确面对输赢是社交技能训练中的重要一课。

▶ **2008年5月1日（星期四）**

特殊教育教师：

今天他自己提出要用坐垫。他不停地跺脚，我叫他不要用脚发出声音时，他就开始唱歌。当他不想做功课时，我就会着重表扬其他小朋友做得有多认真。过了一会儿，他注意到其他小朋友都做得很好，最终他也开始做了。

> **行为分析师评注**
>
> "区别强化"是在小组或者集体环境中常用的增加孩子适当行为的方式之一。如老师表扬某些方面做得好的小朋友，而没有表扬其他小朋友，那么其他小朋友想要获得老师的表扬就会模仿被表扬小朋友的行为且做得更好，使得好的行为在未来更容易出现。

当他决定做一件事的时候，他会非常努力，而且会做得很好。

▶ 2008年5月6日（星期二）

妈妈：

Joey昨晚拉了大便，今天早上他起得很早。清晨的阳光亮得越来越早了，看来我得换个厚一点的窗帘了。

我附上了一份上周末我发给JG老师的邮件的副本。非常感谢您的支持和建议。

特殊教育教师：

谢谢你在给学区特殊教育负责人JG老师的信中对我工作的称赞，以及你在电话自动答录机上贴心的留言。很高兴在过去的两年里能够为Joey提供帮助。正如我一直和你说的，Joey永远是那个我们熟悉的 Joey，不管他去哪所学校或被分在什么班级。

今天 Joey 对我说，他想去体育馆的蓝色地毯那里，我们去了。他还告诉我，说他又累又困。我问他是否想把头靠在桌子上一会儿，他照做了。在那之后，他就没事了。他非常认真地用不同的颜色涂色，花了很多时间，完成得非常出色。

> **行为分析师评注**
>
> 当儿童主动表达自己当下的情绪、感受和身体状况时，首先需要排查是否与生理性原因有关。假设儿童确实昨晚没睡好，则需要尊重儿童，与儿童一起根据当下的环境和情况商量应对方式，而不是强迫他必须完成布置的任务。强迫会导致儿童的情绪更加不好，也影响对老师的信任（下次儿童可能不会再向你表达他的感受了）。

有个小伙伴说感觉有点冷，正好 Joey 有件外套没有穿。我问 Joey 能不能把外套借给这个小女孩穿，他回答说："好的。"我和那个小朋友一起对 Joey 说了谢谢。

▶ **2008 年 5 月 7 日（星期三）**

妈妈：

昨晚 Joey 睡了很长时间。

JG 老师对我们说：她甚至想都没想过让 Joey 去上普通班。我不知道她是从哪里得到这种印象的。可能是 2 月份的一次关于由 CPSE 到 CSE 的会后，我咨询过她一次。Joey 在 1 月份表现不理想，现在我们知道是因为便秘的原因，那时您建议我带 Joey 去看专门的脑神经科医生，以便今后 Joey 去公立小学上学的时候可以继续接受训练服务。

JG 老师说："事实上，Hitomi 老师和 Yumi 老师并没有把实情告诉你。"她的意思是，您认为 Joey 有严重的问题，但又不敢告诉我真相。

如果您真的认为 Joey 有很严重的问题，请直接告诉我。如果您并没有这样的看法，也请让 JG 老师知道。

我知道您不是医生，您不适合做具体的医学评价，但是请让 JG 老师知道您的看法，她非常信任您。

我不知道下次会议将在什么时候召开。我想 Yumi 老师、您、M 老师、J 老师（幼儿园的另一位老师）和我，我们需要在会前找个机会坐下来讨论一下。

谢谢您为 Joey 所做的一切！

特殊教育教师：

你可以回过头来看看我们的交换日记，看看我当时为什么建议你带 Joey 去做医学诊断，以及当时我说了些什么。

如果我对你不够坦诚，我不会建议你带 Joey 去做诊断，对吧？至于你是如何看我的留言，或听我的意见的，那是你的事情。我想不出还有什么比我们之间的沟通更加坦诚的。

我可以坐下来和任何人讲清楚。

▶ **2008 年 5 月 9 日（星期五）**

妈妈：

我也一直认为我们之间的交流是非常坦诚的，对此我非常感激。

我不明白为什么 JG 老师会产生这样的印象，并决定让 Joey 去上特殊教育班级。不管怎样，我感谢包括 JG 老师在内的每位老师。

Joey 昨天下午拉了大便。他最近仍然起得比较早。

▶ **2008 年 5 月 15 日（星期四）**

妈妈：

M 老师和我准备明天去看看公立小学的 12-1-1 班和 8-2-1 班。12-1-1 班有 12 个学生，1 位老师，1 位助理老师。8-2-1 班是特殊教育班级，定员 8 名学生，有两位老师加一位助理。这两个班都比普通班的学生少，老师能有时间更多地照顾到学生。有什么新情况，我会告诉您。

Joey 今天活动很多，显得筋疲力尽。由于正值夏令时，外面还是很亮，他很难入睡。最好让他每天睡够 11 个小时。

特殊教育教师：

今天 Joey 听故事时，坐在地上的坐垫上始终动来动去。我让他在坐垫上坐好，并在他肩膀上揉捏了一会儿。

▶ **2008 年 5 月 16 日（星期五）**

妈妈：

M 老师和我一起去看了 12-1-1 班和 8-2-1 班。学区为孩子们所做的种种努力给我留下了深刻的印象。

不过我觉得 Joey 不适合 12-1-1 班。那里的学习环境有些混乱，而 Joey 需要一个井然有序的环境。不知为什么孩子们总是在教室进进出出。

特殊教育班级的言语治疗师带我们参观了有 4 个学生的 8-2-1 班（没有满员）。很遗憾，我也不喜欢这个班。没有一个小朋友看起来是开心的。他们正在那里读故事书。他们只是在听讲，但孩子们似乎并不喜欢这些阅读内容——没有笑声、没有交流，也没人提问题……

JG 老师没有一起来。我准备周末给她写封信汇报一下今天的情况。

▶ 2008 年 5 月 19 日（星期一）

妈妈：

我准备去见小学校长和两周前带 Joey 去学前班见习的老师。会议将在上午 10 点开始。Joey 昨晚拉了大便，但早上又是 6 点钟就醒了。

今天他 5 岁了。

特殊教育教师：

生日快乐！！今天对于 Joey 和你来说，一定是个特殊的日子。祝 Joey 生日快乐，全家今年一切顺利！

▶ **2008年5月20日（星期二）**

妈妈：

谢谢您！回首往事，过去的一年对Joey来说是美好的一年。再次感谢您的帮助！

昨天对他来说有太多活动，令他太兴奋了。他筋疲力尽，最后睡了11个小时。

特殊教育教师：

昨天的会开得怎么样？你们这周四不来上课吗？我听说Joey昨天有些亢奋，然后又很疲倦。

今天他无法集中精力做功课。我问他要不要去体育馆，他对我笑了笑说："想去。"我跟他说等他做完第二行作业我们就去。他很有动力地马上就完成了两行。从教室出来，我们又跑又跳。回到教室后，他按照要求完成了另两项功课。自由活动时间，他自己一个人安静地看了会儿书。

妈妈：

我们已经决定下学期送Joey去一所私立学校读学前班了。

我们也以电子邮件的形式征得了学区JG老师和S老师的同意。如果可能的话，我们希望从9月份开始继续接受学区提供的任何特教训练服务。我很高兴带Joey去学区指定的小学接受必要的干预课程。

他从妹妹那里传染上了感冒，但基本已经好了。今天晚饭后，他试着去了两次洗手间但都没有拉出来。他还是有些便秘，不过看上去不是很难受，挺安静的。

学期马上就要结束了。想到就要与您说再见，心里很难过。如果您有时间的话，我想在星期三放学后过来当面向您道别。我们可以在停车场见。

Joey 这周五上午参加幼儿园的毕业典礼，不知道在这之后幼儿园是否还有课？如果没有课了，那这周四就是您来 Joey 的幼儿园的最后一天了。

再次感谢您的大力帮助。希望周三能向您表达更多的感谢！！

> 我还没有收到 JG 老师的回复。我们可能需要再开一次会来决定下学年对 Joey 的训练服务项目。有什么新的进展我会向您汇报的。

▶ **2008 年 6 月 3 日（星期二）**

特殊教育教师：

我非常想来参加 Joey 的毕业典礼，我向 M 老师问了当天的日程安排：

9:30　　报道

10:00　毕业典礼

10:30　茶歇

10:45　放学

即使我想办法去调整时间表，也还是很难改变目前的计划。真是抱歉！我无法参加 Joey 的毕业典礼了。

　　星期四就是最后一天了。我这周三的时间安排得很紧。在指导 Joey 之后，我得赶去指导另一个学生，之后我还要去接我儿子放学，我不能迟到。周三我要来回开很远的路！不管怎样，我在两点半之前必须要离开 Joey 的幼儿园。如果可以的话，我在 2 点 15 分前后到停车场。请告诉我你的安排。

▶ 2008 年 6 月 4 日（星期三）

妈妈：

　　非常感谢您为了能来参加 Joey 的毕业典礼而做出的努力，知道您很忙。（我们都非常希望您能来参加。）

　　我会征得 M 老师的同意，我或您在下午 2:15 前后把 Joey 带出教室，好让我们能一起在外面道个别。下午 2:15 我们在停车场见！！

▶ 2008 年 6 月 5 日（星期四）

妈妈：

　　我收到学区办公室的通知了，他们安排在 6 月 17 日召开会议。但这个时间可能不行，因为我们要出门，到 18 日才能回来。今天一早我就通过电话和电子邮件联系了 JG 老师，希望她能为我们重新安排一个会议时间。谢谢您的配合。

　　今天是这学期最后一天了。我们全家再次感谢您的爱心和帮助。咱们开会时再见！！

　　祝您暑假愉快！

特殊教育教师：

今天 Joey 动作有点慢，开始做功课时他先把头趴在桌子上。我提示他用那个坐垫，他去拿来用了。他按照我的要求很好地完成了功课。

我想你明天应该把这个坐垫带回家，问问 JG 老师 Joey 在新的学校是否可以继续使用？我觉得这个坐垫可以帮助 Joey 集中注意力。

祝你和家人一切都好，暑假愉快！

> 东东去了一所私立学校的学前班。那个班有 10 个孩子，在那里他遇到了一位非常有爱心和耐心的老师。之后，经学前班老师推荐，东东小学一年级上了一所私立男校，也是小班。在上本地小学的同时，东东周末坚持上日语补习班。
>
> 2011 年，东东 8 岁时插班转入东京当地小学。12 岁时从日本去了美国的堪萨斯。15 岁时再回日本。2022 年 4 月，东东顺利考入日本一所私立大学攻读生命科学。

附 文

中国融合教育服务现状举例
王丹丹

近年来,政府部门对特殊儿童的关注和支持越来越多,出台了很多政策,如针对早诊断早干预的基层医院孤独症早筛系统的培训越来越健全等。随着孤独症宣传的不断深入,大众对孤独症的认识越来越普遍,国内的融合环境也日渐好转,尤其在北上广这样的大城市,不少学校已经相当重视融合教育工作。要想做到像东东故事中提及的政府派特殊教育教师到学校里支持有特殊需要的孩子这个举措,目前在国内仅有极少数城市和学校有这样的申请途径。

我在工作中观察到,国内融合教育的开展大多经过这样一个过程。

以小学融合支持为例:一般是小学开学之后,老师发现班级里有那么几个表现不同的孩子,比如较难遵守基本的课堂常规,上课时随便离开座位或走出教室,较难跟随老师的指令翻开书、一起朗读、持续看黑板,经常发出自言自语等声音干扰课堂,有些孩子上课时较难自觉回到自己的教室,有些孩子情绪问题较大持续焦虑哭泣,有些孩子对教师的管教容易产生激惹情绪,出现跟老师顶撞甚至出手打老师和同学等情况。这时候老师就会找家长谈话,并且建议家长带孩子去医院检查一下,看看孩子是否注意力不集中?是否有感统、情绪问题等，委婉地说要是有这些问题要早点训练，别耽误了孩子。家长这才开始求医，到了医院有可能会被诊断为孤独症谱系障碍。然后家长就会寻找专业人员支持或者寻求教学干预方案，其中最常见的支持建议就是特殊教育教师入校干预。这时家长就会跟学校申请，按照学校的要求联合机构一起提供相关的手续，在机构督导的支持下，特殊教育教师入校进行干预实施。

经过这种流程被诊断为谱系障碍的孩子，语言发展大部分没有明显的问题，更像阿斯伯格综合征（在DSM-5中，阿斯伯格综合征也归入了孤独症谱系障碍）。他们因为智力和语言发展没有太大问题，甚至很多孩子早期呈现了超常的智力水平，如很早就会背诵古诗几百首、很早就认识很多文字和数字等。幼儿园阶段，环境相对轻松，对孩子的社交要求不高，幼儿园老师对孩子更是包容，再加上家长对谱系障碍不了解，就特别容易忽视孩子的社交沟通问题和在幼儿园就已经显露出来的不融入的问题。这些问题在上小学后会更加明显，因为环境对孩子的社交期待高了，在同龄小朋友都能做到的情况下，有谱系特质的孩子就从群体里凸显出来了。

任何国家政府政策的支持，都需要前期有需求群体的持续推动和努力。在美国，1943年，孤独症儿童的研究、诊断、干预、社会系统的融合支持等已经有80多年的发展历史，各个方面相对较为成熟和完善。在我国，1982年，南京儿童心理卫生研究所陶国泰教授在其发表的论文《婴儿孤独症的诊断和归属问题》中，报道了4例儿童被确诊为孤独症。这是我国内地最早发现并诊断的孤独症案例。到目前为止，我国对孤独症认识的历史只有40年的时间，所以各方面都不够成熟和完善是肯定的，需要孤独症家长、与孤独症工作的专业人员更加努力地宣传和推动，让周围的人都能了解这一群体，理解他们的行为表现。

下面这个案例，正是一位刚刚被诊断为阿斯伯格综合征的孩子的家长，通过一封信呼吁身边的老师、同学理解和支持孩子，借此希望我们的家长都能有勇气、有技巧地通过沟通帮助我们的孩子营造更好的融合环境。

致老师的一封信

尊敬的老师：

您好！

我是16班李雷（化名）的家长，感谢您百忙之中阅读这封信，信有点长，麻烦您一定要看完，感谢！开学已经一个多月了，感谢您在这段时间对李雷的悉心教导和帮助，可能您也发现了这个小朋友的与众不同，我也想和您详细介绍一下李雷的一些情况，因为我们真的很希望得到您的帮助。

这两周孩子没有上课，我们去找了郭延庆大夫（北京大学第六医院儿童精神科专家），经过详细询问和检查，同时请王丹丹老师做了专业的ADOS测评（耗时三小时，目前被国际上称为诊断评估的金标准），孩子被确认为AST，也就是孩子有阿斯伯格的症状，但并不典型，也就是轻度阿斯伯格综合征。

下面是中山大学附属医院的专家对阿斯伯格综合征的一些总结。

"阿斯伯格综合征"是一种并不少见的儿童行为疾病。其实，与其说是一种疾病，倒不如说是这类孩子有一个很特别的大脑。这类孩子是一种具有非常特别个性的孩子。

大约60年前，专家们就已经发现存在这样一些孩子。在大约4—7岁的时候，家长和老师就发现，孩子似乎行为比较幼稚，与其实际年龄很不相符，注意力往往很不集中，非常兴奋和多动，做事我行我素，自我中心，对于老师和家长的指令往往置若罔闻，有时甚至会在上课时走出教室，孩子情绪比较波动，有时难以控制，非常不善于和小朋友交流，经常和同学发生冲突、吵架打架等。

如果仅仅是上述情况，我们会很容易把这些孩子和儿童多动症联系起来。但是当我们继续观察和了解，就会发现：①这些孩子其实也有注意力很集中的时候，也有自己非常感兴趣的事情（不包括看电视、玩电脑游戏），例如火车时刻表、历史事件、恐龙进化等；②这些孩子可能有令人惊奇的记忆力，特别是在机械记忆方面；③也许学习成绩整体不是很好，但是却可能对某些领域或学科（例如生物、地理、自然等）有很深入的了解（或具有这种潜能）；④和小朋友常常有冲突，但是他们内心却是愿意交流和沟通的，只是因为缺乏交流技巧，使得交流总是以失败而告终，孩子因此会变得孤独和情绪波动；⑤可能对很多事情缺乏领悟能力，但是总体来说，他们的智力是正常的；⑥有时说话似乎缺乏逻辑，对在什么场合应该说什么话不是特别在意，但是语言能力是正常的，有时甚至能够说出一些让大人感到"吃惊"的语言；⑦行为往往比较刻板、固执，思考问题难以转弯，直来直去，显得不是那么灵活。

总体来说，阿斯伯格综合征的孩子给家长和老师的感觉是：自我中心、行为幼稚、注意分散、情绪波动、聪明奇怪。必须指出，尽管孩子的行为是有些怪，但是阿斯伯格综合征的孩子不是精神病。尽管在学校里惹了很多麻烦，但他们却是完全可以教育的，而且如果教育得法，将来可能会很有出息。有学者研究历史名人的传记，认为爱因斯坦、牛顿、马斯克等就是阿斯伯格综合征人士。好像爱因斯坦小时候学习成绩是很差的，上中学后不久就因为"蠢"而退学，考大学也只考了数学一门功课，但他后来的成就大家都非常清楚。因此，我们可以这样说，在众多的阿斯伯格综合征孩子中，有一些其实是天才儿童。

对阿斯伯格综合征的孩子，最重要的是：①对孩子行为的理解和包容。无论是家长和教师，对阿斯伯格综合征的了解都是不多的，我们首先必须理解他们，知道他们的问题行为不是有意调皮捣蛋，不是智力落后，也不是家长和老师教育失误（不是"欠揍"，且与溺爱关系不大），而是他们天生有一个特别的大脑，带着潜在的天生禀赋的同时也伴随着潜在的问题行为，我们也许注意到了孩子的问题行为，但是也请关注孩子的天生禀赋，这是我们理解孩子的第一步；②问题行为的矫正。阿斯伯格综合征儿童的问题行为是客观存在的，我们不能回避，也无法回避。尽管阿斯伯格综合征的概念只是现在才为我们所知，但是通过实践目前已经找到了有效的矫正问题行为的方法，通过家长—教师—医务人员的互相沟通，可以大大增进我们对阿斯伯格综合征儿童的理解；在理解的基础上，家长和老师在孩子教育态度和方法上的反思与改变有时可以起到"化腐朽为神奇"的功效；通过诸如对孩子问题行为的"角色扮演游戏""问题行为（录像）分析"或"正确行为示范表演"等形式，可以在相当程度上教会孩子人际交流技巧，减少孩子在学校的外向性破坏行为；对孩子良好行为及时恰当地奖励和对问题行为进行温和与恰当的惩罚（不包括打骂）可以明显改变孩子的在校表现；家长和老师在发出指令时，给予阿斯伯格综合征儿童更多的"选择权"，或更多一点商量的口吻可以明显缓解孩子的对立违拗状态，同时使孩子变得更加灵活而不固执和刻板；必要时的药物干预也可以明显改善孩子注意力分散、多动兴奋的症状；③特殊能力的发现、培养和转化。阿斯伯格综合征孩子或多或少都有一些特别能力，这些能力的发现通常依靠家长的敏感和平静的心态。有众多证据表明，很多阿斯伯格综合征人士成年后从事的就是与儿时的特别能力相关的工作，并且可以非常优秀。因此，我们对孩子的特殊能力给予一定的关注，并适当培养，更重要的是，将孩子的特殊能力转化到更加广泛的学科和领域中去，可能在一定程度上会促进孩子的全面发展。如果转化不成功，我们依然要理解和容忍，强迫性学习的效果常常会适得其反。

的确，对阿斯伯格综合征我们还所知甚少，有些问题还存在一定的学术争议，能够提供的帮助还是非常有限的，但我们愿意和老师们共同努力，帮助这些特别的孩子们顺利完成学业，成为国家的有用之材。

作为家长，我们会尽一切努力帮助孩子融入正常的学习环境。

目前医院也是强烈建议孩子马上回归校园生活。阿斯伯格综合征的孩子比较难带，真的很辛苦您，对孩子多一些关注、多一些特殊的处理方式，我们会配合您、随时和您沟通，感谢您对孩子的辛苦付出！我自己也总结了一些与孩子的沟通方式，我把它记录下来，希望您可以对孩子的情况有更多的了解。

1.站队和体育课属于重灾区，排队尽量让他排在守纪律的孩子旁边，这样可以得到老师和同学的特别关照。

2.阿斯伯格综合征小朋友比较幼稚，指令越简单、越具体越好，他很难明白笼统、含糊、连续的指令；沟通语言也是越简短明了越好，他不能理解长段的语言。他的大脑构造就像图片公式输入，反复之后才能输出。优点就是会形成规律，记忆力相对较好；对他感兴趣的事情会反复研究，乐此不疲。

3.在不影响其他人的情况下，允许他上课做小动作，伸懒腰，偶尔注意力不集中。

4.尽可能地给他创造体验成功的机会，课堂上提问他能够回答的问题，或上黑板做会的试题，举手时给他一些机会。成功感和荣誉感会促进他行为控制能力的提高，有时让他参加班务活动，讨论和参与班级劳动也有积极意义。

5.对于他丢三落四、忘带作业等行为，老师在校提醒，我们回家也会第一时间和老师沟通，减少其不做作业、不交作业和忘交作业的行为。考虑到孩子完成作业的难度，适当的作业量会促进他的成功感。我们也会在家努力帮助孩子完成，如果在完成过程中存在一些困难，我们也会和您沟通，改变他做作业的方式。

6.他获得小小的成就时，请给予及时的称赞和表扬，让他觉得我们很在意他。有时候一个拥抱、一个眼神就够了，尽可能地即时回应他的行为和要求。获得他的信任后，和他沟通会事半功倍。这不是惯纵他，而是为了帮助他控制季候的情绪和行为冲动的爆发。

7.发现孩子有任何多动或冲动行为时，先静心听听他到底想干什么，有什么目的和希望，让他讲出来，有助于把握他的心态和动机。

8.这样的孩子往往不能轻松表达自己的想法，所以当他有任何意愿和想法时，尽可能用放松的语态说话，不催促，不耻笑，并适时地鼓励他讲完。

9.除非危害个人或他人时，尽可能避免大声呵斥他，大声训斥特别容易引起他的抵触和违拗。有时耐心和容忍反而会降低他的冲动行为。和他说话时要低声，走到面前看着他（温柔且坚定，不要狠狠盯着他）。

10.多一些鼓励，有时候着急也尽量避免说"真拿你没办法""你怎么没认真听讲""你怎么连这个都不会"这样的话。

11.经常让他把自己的行为与愿望和动机结合起来表达，则会减少他的盲目行为，可增加他的行为成功感，后者对他特别重要。

这类孩子每个人都有不同的情况，李雷是个非常敏感，且内心细腻，容易紧张的孩子。他非常渴望交朋友，但他的思维方式无法辨别对方表情背后的意思，以至于他的表达方式他人无法理解，但他却非常渴望得到老师和小朋友的喜欢和肯定。其实教育这类孩子的根本目标就是，培养和提高他的自尊感，增强孩子的自信心，提高孩子的适应能力。

以上是我们对孩子目前沟通方法的一些总结，希望可以帮助您多了解孩子的情况，也非常感谢您对孩子的帮助。您不仅传授给他知识，更是他成长路上的引导者。孩子终究会长大，无论未来怎么样，您都是他人生中重要的一部分。再次感谢您百忙之中阅读了这封信。

祝您工作愉快、身体健康、万事如意！

李雷爸爸　妈妈
2022 年 11 月 3 日

后 记

2017年，因为工作原因，我在东京认识了颜燕女士，当时颜燕女士正在攻读医学博士学位。相互熟悉之后，知道她原先在国内就职于管理咨询公司，在美国从事过投行的工作。在一次闲聊中，我无意间问起：在日本读医学博士很辛苦，您在投行做得好好的，怎么想到改行了？记得她当时想了一想，然后很认真地回答说：最初就是想把有些事情搞搞清楚。我这才知道她在过去十多年中走过了一条不容易的路，才第一次听说了东东的成长故事。

那时东东还是个初二的学生，2019年2月顺利考入东京一所非常好的私立高中，今年已经读大学一年级了。东东现在无论是学习还是课外活动都很好，也有了自己的好朋友。

因为我有一个和东东年龄相仿，同样有孤独症谱系障碍的亲外甥，所以工作之余经常和颜燕女士聊起东东的成长经历。即便作为孤独症孩子的家长，可能也不得不承认对于孤独症，我们今天的认知依然是有限的。每一个生命个体既是普通的，也是独特的。即便99.999%的孩子的发育节奏符合人们公认的"常规节奏"，但依然会有那0.001%的孩子有属于自己的、不同于"常规"的节奏。小概率事件总是客观存在的，这是自然规律。花匠种了满院子的牡丹，相同的土壤、相同的种子、同一天播种、同样的日月精华雨露滋养，难不成它们都在同一天开花？今天，我们的孩子发育慢于"常规节奏"或快于"常规节奏"，对于家长来说好像都是严重的问题，多少家长和我们一样为此生活在水深火热之中。

打开颜燕女士通过邮件寄来的《14只灰色折纸象》的文稿，每当读到日记中记录的当年东东的真实情况，读到老师与父母在千难万难中交流的体会与心得，读到孩子的父母如何一次次做出艰难的选择……我都深为东东感到欣慰，对东东父母感到由衷的钦佩，更在内心深处感叹：如果当年我们和我们孩子的父母能看到这本成长日记，也许就有机会走上一条不同的道路。退一万步讲，即便我们的孩子无法像东东这样幸运到可以正常上学、完全融入社会，也一定可以帮助到孩子的家长以平和、从容的心态走过这段困难的路。

《14只灰色折纸象》不是一本专业医学书，甚至因为个体情况的差异，日记中的具体做法在技术层面都无法成为读者模仿的方法，但这不妨碍它能给予我们这些身处苦难中的家庭一份真实的信心，让我们相信那份属于我们的希望。感恩东东、颜燕女士和他们的家人与我们分享这份珍贵的心路历程。

合上书稿，仰望星空，亚里士多德、柏拉图、达·芬奇、牛顿、莫扎特、爱因斯坦……无数伟人群星闪耀，在人类历史长河中他们是最耀眼的星星。然而，浩瀚的宇宙中还有无数的小星星，尽管它们的光芒掩映在耀眼的群星之中，但它们真实地存在着，它们有属于自己的轨迹。

正如颜燕女士在日记中所写的：也许我们要做的是安心地、耐心地等待与陪伴……

刘铁峰

2022年6月于上海

作者后记

感谢鼓励作者将东东的成长故事分享给其他孤独症家庭的原陆军总医院肿瘤科主任医师刘端祺老师，以及作者的好友刘铁峰夫妇。

感谢北京大学第六医院儿童精神科医师郭延庆教授以及中国科学院脑科学与智能技术卓越创新中心仇子龙教授对本书的大力支持，并为本书作序。

感谢贾萌、王丹丹、何月文、路田丽老师为本书做了专业、翔实的评注，以供孤独症儿童家长以及从事干预训练的特殊教育从业人员参考。

感谢当年为东东提供专业干预训练的纽约所在学区的特殊教育部门，特别是在交换日记中提到的为东东提供在校融合干预训练的特殊教育教师。因多年失联，无法直接表达我的感激之情。本书中出现的人名、学校名均为匿名，敬请谅解。

感谢北京行距文化传媒有限公司的刘庆余、刘诗瑶老师，华夏出版社的陶鹏、张平老师。因为各位的辛勤付出和对孤独症儿童的关注，才使本书得以出版。

愿孤独症儿童及其家庭得到全社会的理解、接纳、支持与关爱。

颜燕

2023 年 12 月于东京